人脈力

通往成功的無形通道

生
緣人！

未來
注定
遍布，
但求總有貴人相助

劉惠丞，馬銀春——著

U0034603

圈裡圈外，從日常處世到經商大事都要看人脈

深入探索人脈力量，掌控你的社交力量
了解交友圈 × 拓展交際圈，打造並運用你的「專屬資源

目錄

第二章 圈子修練術

第六章 圈子行銷——每個圈子都是你的客戶

第七章 經商，就要「圈裡圈外」

第八章 擴大生活圈子，讓你活得更瀟灑

第九章 經營圈子要會識人

告別邊緣人

未來注定荊棘遍布，但求總有貴人相助

前言

古人云：物以類聚，人以群分。人生在世，每個人都無法避免的生活在圈子當中。我們每天都被各種圈子包圍，也遊走於各種圈子之間。共同的愛好或者消費屬性或者其他的東西形成了形態各異的圈子。社會是一個大圈子，這個大圈子裡有許多小圈子，社交就是大圈子套小圈子，圈子連圈子，每個人都有自己的圈子，一個人的圈子越來越多，就意味著他的人脈越廣越寬，也說明他的社會關係越開放，人脈處於多元化的狀態。

所謂的圈子，從廣義上來理解，就是具有某一共同標誌符號的一個群體。這個標誌符號可能是身分、血緣、地域、地位、特長、職業、生活興趣、生存方式等等其中的任何一種。比如街舞社團、暴走族、親子群、拼客（carpool）、背包客、野營俱樂部、英語角（English corner）；比如 BMW 俱樂部、福特聯盟等。比如汽車愛好者可以加入「汽車圈子」，數位產品愛好者可以加入「數位圈子」，甚至喜歡喝酒的人都可以加入「品酒的圈子」等等，圈子之多，不勝枚舉。

有一位企業家在談到自己留學於沃頓商學院時，曾對一場「成功的執行長」的主題演講印象深刻。當時的演講人是葛蘭素史克公司的執行長，一九五三年畢業於哈佛 MBA。這位演講人問台下眾多沃頓商學院的學生一個問題：「你們讀 MBA 的目的是什麼？」他說了三個選擇：MBA 的名聲、圈子和知識。大多數人都毫不猶豫的選擇了圈子，於是，眾多聽眾反過來問這位執行長：「你一九五三年畢業，到現在對你幫助最大的是什麼？」這位演講者微笑著回答：「就是圈子。」

圈子，顧名思義，是一個互相流通的圓圈。一般說來，圈子能夠為我們提供這幾種基本資源：人脈資源、資訊資源、情感資源。因此也有人說，圈子就是個人資源與社會資源進行交換、整合、匹配的一種魔術方塊。

圈子的出現也並不是社會開放所帶來的結果。無論哪個社會，在人生漫長而艱辛的征途當中，任何人都不能僅靠自己的力量，獨自走向終點。人需要情感上的相互理解，需要尊重、信任和真誠，需要親情、愛情、友情的支持。同時，人的生存和發展也必須與人合作，互相幫助，互通有無，互換資源。當然，個人只有進入某個圈子，成為那個圈子流通中的一個環節，才能夠獲取圈子提供的機會、資訊、盟友、人脈……

廣闊的人脈正是一個人通往成功所必不可少的周邊支援，而能夠帶來各種人脈關係的工具，正是各類圈子。同樣，沒有人，也就沒有所謂的圈子。人生開放的一個重要特點，就是能夠幫助你最大限度的擴大圈子，進而擴大資訊、人脈、朋友、市場、平台等各種資源，這種資源會讓你的事業更容易取得成功，你的生活更豐富多彩。

閒暇之餘，請讀一讀這本書，此書足以開拓你人脈的思路，為你正想解決或亟需解決的人脈關係尋找靈感，也許，意外的收穫就在此書中。

第一章 圈子：一種無形的能量，一種無形的勢力

人生在世，每個人都無法避免的生活在圈子當中。圈子越來越多，意味著人與人之間的接觸越來越頻繁，社會關係越來越開放和多元。你應當最大限度的擴大圈子，進而擴大資訊、擴大人脈、擴大機遇等各種資源，最終使得你的事業更容易取得成功。

交際本領勝於專業本領

交際本領比專業本領更重要，因為專業本領只能利用自身能量，而交際本領是你利用外界的無限能量。

美國富豪石油大王哈默的經歷富有傳奇色彩。哈默素有「點石成金的萬能商人」之稱，他的事業起步與他善於交際緊密連結在一起。

哈默的父親是個俄國移民，一個熱情的社會主義者，美國共產黨的創始人之一。哈默父親的身價使哈默在訪問前蘇聯時得到了特殊的待遇。哈默第一次訪問前蘇聯正值蘇維埃內戰時期，由於連年的國內戰爭和外國武裝力量的干涉及封鎖，經濟已凋敝不堪，國內食品供應非常緊張，而當時美國糧食連年豐

收，價格相當便宜。儘管哈默從未做過糧食生意，但他見此情形，決定要做一筆跨國大買賣，即從美國購買糧食，賣給前蘇聯。哈默的建議得到了列寧的賞識，列寧接見了哈默，並指示外貿部門確認這筆貿易。哈默與列寧因此締結了真摯的友誼，透過這次貿易，哈默成為了富人。

交際本領對一個人的事業幫助有時比專業知識、技術都重要。因為一個人如果得不到他人的支持和幫助，本事再大也辦不成事。

曾任美國總統的小狄奧多·羅斯福曾說：「成功的第一要素是懂得如何處理好人脈關係。」廣結人緣，其實就是在為自己製造良好的人際圈子。不管什麼人，只要在社會中生存，就離不開與別人交往合作。身為一個想成大事的人，更應該知道「圈子」是人一生的「財富」。「圈子」結得越多、越大，等於你有一筆無形的龐大財富。若以此作資本，不管在買賣上、金融上或從政上都將為你開拓一條康莊大道。人脈即財脈，它是你自立事業最重要的課題和首要任務，也是你財運滾滾的關鍵所在。

詹姆斯在一家大公司做銷售經理，被總公司外派到海外去工作。兩年後他辭了職，提出的唯一請求是：允許他繼續使用公司配備的手機號碼。「在海外工作兩年，人脈是我唯一的資源。如果換了手機號，原來的朋友、客戶很可能找不到我，那我就真是一無所有了。」詹姆斯這樣說。

多年來，詹姆斯以「人脈」和政府關係為資源，為地方政府招商引資，贏得豐厚的報酬。詹姆斯辭職後，搖身一變成為「史丹佛研究園區」的高級顧問，月薪八千美金。所謂顧問，其實就是向那些有興趣到史丹佛投資的商家宣傳史丹佛，介紹合適的專案，最終說服其在工業園區投資設廠，並為他們爭取盡可能優惠的條件，從而賺取不菲的佣金。

到史丹佛的第一年，詹姆斯就到人才聚集的史丹佛大學，結交了很多企業老總和政府要員，他和該市的一位副市長的交情就是從那裡開始的。另外，詹姆斯的經歷相對簡單，這在州政府眼裡無疑是一個很好的政治保障。漸漸的，詹姆斯成了有名的「熱心腸」，經常有新到的廠商「慕名」找上門來，這當然會消耗他一些時間和金錢，但他說：「對於我這種靠人脈吃飯的人，這是必要的投資。」

短時間內，詹姆斯就陸續為工業園區引進了幾個大專案投資。後來，他還同時兼任附近幾個研究園區的顧問。他名片上的顧問頭銜每增加一個，收入就成長一倍。

擁有好的人脈圈子是現代生活不可缺少的部分，多一層人際關係圈子，路便會越拓越寬，那麼你離事業的成功也就不會太遠了。

圈子構建與功能

人脈圈子是根據滿足我們不同層次的需求而劃分出來的，有利於我們認識自己處在哪個人脈圈子層次上，區別手中現有的人際圈子雛形，從而設定未來發展趨勢。對於我們構建與發展擴充圈子有著十分重要的意義。

一、初級人脈圈子

初級人脈圈子是我們建立一切人脈的基石，他們一般由我們最熟悉的人組成，包括我們的家人、親戚、鄰居、老師、校友、同學、戀人。由他們的關係，你會認識他們的朋友和朋友的朋友。一般來說，你對他們知根知底，他們也了解你的一切，即使你因為種種原因與他們若即若離，關鍵時刻這些人依然會在能力之內無私的幫助你、關照你。

二、中級人脈圈子

大多數人處在這個層次中，你的需求有了一定的提高，基本上包含了我們日常生活和工作的所有需求，但是這些需求只是滿足一般生活的需求，並沒有提升到實現人生理想目標的高度。這一層面的人脈圈子基本涵蓋了工作、活動、培訓、進修、比賽、參觀、度假、聚會、筆友等社會行為所結識的形形色色的朋友，以及經由他們介紹而環環波及、衍生出來的各種目標關係。這些人雖然不像初級人脈圈子那樣跟你那麼親近，但依然存在於你既定的人生軌道上，不要害怕只與他們一面之交、緣薄情淺，因為，也許他們同樣會產生與你結交的想法。這些朋友可以滿足你友情、相互幫忙、提供資訊、興趣發展、情感支援等方面的需求，其中不乏你人生和事業的推進者和引路人。

三、高級人脈圈子

這個圈子的建立應該與你的理想、追求息息相關。他們已經超越了滿足基本生活的需求，對於這些人的要求，應該從實現人生價值的層面去構建人際關係圈子，這樣的人脈圈一般與現實生活的關係顯得不是那麼貼近，其目的也相應更加崇高一點。這樣的人脈圈不是短期內能夠對你有直接幫助的人，他們身處不同領域、職業的高處，他們有可能是職業菁英和知名人士，有可能是你未來事業的合作夥伴和競爭對手，有可能擔任著各個職能部門的主管。與他們相識、建立關係固然有一定難度，但方法得當，也可以成為他們的密友，這種人脈圈子對於你實現人生的價值有很重要的影響。

處理好人脈關係圈，機會就越多，好運也就越多。處理好人脈關係的重要性已得到公認，百萬富翁可能沒有很高的學歷，但是不能沒有廣泛而良好的圈子。

尤其是對於那些渴望成功的年輕人來說，因為沒有很長的時間去累積人脈，打通圈子，所以更要努力的拓展圈子，才能為成功打下堅實的基礎。

現代心理學和社會學認為人脈圈子具有四大功能：

（一）形成互補

俗語說：一個籬笆三個樁，一個好漢三個幫。一個人即使是天才，也不可能樣樣精通。所以，一個人要完成自己的事業，就必須善於利用別人的智力、能力和才幹。在一個人開拓自己的事業時，總要遇到自己力所不能及的困難，這時，良好的人脈關係會為遇到困難的人掃清障礙，助其一臂之力。

(二) 產生合力

平時人們常說的「人心齊，泰山移」就是這個道理。在現代社會，分工細化，競爭殘酷，單憑一個人的力量根本無法取得事業上的成就，只有借助眾人之力，才有可能創造輝煌的人生。而要獲得眾人的幫助，使之上下齊心，攻克目標，就必須學會擁有人脈關係。

(三) 聯絡感情

人是一種感情動物，他必須時刻進行感情上的交流，他需要獲得友誼。在邁向成功的道路上，要想堅持到底，僅僅依靠信念的支持是不夠的，良好的人脈關係圈會使人獲得一種強大的力量和熱情，在成功時得到分享和信心，在挫折時得到傾訴和鼓勵，這必將有助於人們心理的平衡，從而有勇氣邁向新的征程。

(四) 交流資訊

在現代社會中，掌握了資訊就等於把握住了成功的機會。一條珍貴的資訊可以使人功成名就、腰纏萬貫，而資訊閉塞則會使人貽誤戰機、遺憾終生。廣交朋友，善處關係，是一條十分有效的獲取資訊的途徑，這樣才能在競爭中始終處於領先地位，然後才能取得事業上的成功。

一個人想培養良好的人脈關係圈，首先要盡可能認識許多人，並讓別人認識他。沒有一個成功人士是坐在家裡一個人打拚出一番事業的。生活中的每一次重大變化都會涉及其他人。如果想實現一個重大的目標，就要同許多人合作。人的生活方向經常會因為別人的一個評語、一個建議、一個行動而改變。人脈關係越好，認識的人越多，成功的機會也越多。

概率理論告訴我們，嘗試不同種類的事情越多，在正確時間做出正確事情的可能性就越大。人脈關係同樣適用這個理論。認識的人越多，交際越廣泛，一個人在恰當的時間遇上恰當的人的可能性就越大，而這個人恰好擁有你所需要的資源並且願意提供給你。這不是奇蹟，更與運氣無關。幾乎所有百萬富翁的共性之一就是擅長交際。他們知道，自己認識和認識自己的人越多，他們在事業上合作的機會就越多，好運也就越多。他們抓住一切機會與別人交往，擴大自己在生活中各個領域的人脈關係圈。因此，我們要想打拚出一番事業來，能力不可或缺，人脈更不能缺。

豐富的圈子，致勝的法寶

沒有拓展圈子的交際能力，你就會處處碰壁。有時候，你辦不了的事情，別人一通電話就非常漂亮的解決；有時候，你費了九牛二虎之力都解決不了的問題，別人輕輕鬆鬆就可以搞定。原因何在？這就要看你有沒有圈子。

一、圈子決定成功

一個人事業的成功，百分之八十歸因於與別人相處，剩下百分之二十才是來自於自己的心靈。人是群居動物，人的成功只能來自於他所處的群體及所在的社會，只有在這個社會中遊刃有餘、八面玲瓏，才可為事業的成功開拓寬廣的道路。沒有非凡的交際能力，免不了處處碰壁。

很多成功的商界人士都深深意識到了人脈資源對自己事業成功的重要性。曾任美國某大鐵路公司總裁的A．H．史密斯說：「鐵路的百分之九十五是人，百分之五是鐵。」所以，你要想成功，就一定要營造一個適於成功的人脈圈子，包括家庭關係和工作關係。俗話說「家和萬事興」，你與配偶的關係如何，決定了你與子女的關係，而家庭關係為我們與別人的關係定下一樣的模式。同樣，我們與同事、上司及雇員的關係圈子是我們事業成敗的重要因素。一個沒有良好人脈關係圈子的人，即使再有知識，再有技能，也得不到施展的空間。對此，美國商界曾做過主管能力調查，結果顯示：

①管理人員的時間平均有四分之三花在處理人脈關係上。

②大部分公司的最大開銷用在人力資源上。

③管理所訂計畫能否執行與執行成敗，關鍵在於人。

可見，任何公司最大、最重要的財富是人脈圈子。如果你想獲得事業的成功，盡早建立自己的關係圈子。

二、圈子是一筆無形資產

人脈圈子資源是一種潛在的無形資產，是一種潛在的財富。表面上看來，它不是直接的財富，可沒有它，就很難收斂財富。不是嗎？即使你擁有很扎實的專業知識，而且是個彬彬有禮的君子，還具有雄辯的口才，卻不一定能夠成功的促成一次商談，但如果有一位關鍵人物協助你，為你開開金口，相信你的出擊一定會完美無缺，百發百中！人脈圈子資源越豐富，賺錢的門路也就越多；你的人脈級別越高，你的錢就來得越快、越多。這已經是有目共睹的事實。當你想要開創自己的事業時，必須具備人脈條件。

如果你有足夠豐富的人脈圈子資源，那麼資金和技術問題就能迎刃而解。所以「人」才是擔負起你事業成功的關鍵。

如果你只是一個業務員，你一定經常會想「如果我有足夠多的關係，一定可以更加順利的完成這件工作」，「如果能夠和哪位關鍵人物牽扯上一些關係，做起事來就方便多了」。因為，只要我們和那些關鍵人物有些交情，當有事情想要去拜託他或是與其商量討論時，就能夠得到很好的回應。

這種與關鍵人物取得連結的有利條件，就是人脈圈子的力量。事實上，人脈資源越寬廣，做起事來就越方便。每個人都希望那些有影響力的大人物能夠助己一臂之力，使自己在事業的發展上，能夠少遇點障礙。可見，搭建豐富有效的人脈資源是我們到達成功彼岸的不二法門，是一筆看不見的無形資產！

所以，你在公司工作最大的收穫不只是你賺了多少錢，累積了多少經驗，更重要的是你認識了多少人，結識了多少朋友，累積了多少人脈資源。這種人脈資源不僅對你在公司工作時有用，即使你以後離開了這個公司，還會發生作用，成為你創業的重大資產。擁有它之後，你就知道你在創業過程中一旦遇到什麼困難該打電話給誰。

三、圈子就是機遇

人脈活動為人們提供了這樣的可能，既讓你結識他人，也讓他人認識你，當大家的品行、才幹、資訊得以相互了解的時候，活動就可能結出兩個甜美的果實：鞏固彼此的友誼和獲得發展的機遇。交際活動是機遇的催產術。著意開發人脈圈子資源，捕捉機遇，成功的彼岸離我們就更近了！

事實證明，人們機遇的多寡與其交際能力和交際活動範圍的大小幾乎是成正比的。因此，我們應把開展人脈活動與捕捉機遇連結起來，充分發揮自己的交際能力，不斷擴大自己的人脈圈子，發現抓住難得的發展機遇，進而擁抱成功，讓每一次交往都成為提升自己的機會。

圈子就是一個情報站

商場上稱人脈資訊為「情報」。一個生意人怎樣獲得工作上必需的情報呢？我們所知的最有效的方法是：①經常看報；②與人建立良好圈子；③養成讀書習慣。換句話說，生意人最重要的情報來源是「人」。對他們來說，「人的情報」無疑比「鉛字情報」重要得多。越是一流的經營人才，越重視這種「人的情報」，越能為自己的發展帶來方便。

日本三洋電機的總裁龜山太一郎就是很好的例子。他被同行譽為「情報人」，對於情報的彙集別有心得，最有趣的是他自創一格的「情報槽」理論。他說：「一般彙集情報，有人和事物兩個來源。我主張從他人那裡獲得情報。如此一來，資料建檔之後隨時可以活用，對方也隨時會有反應，就好像把活魚放回魚槽中一樣。把情報養在情報槽裡，它才能隨時吸收到足夠的營養。」

把人的情報比喻成魚非常有趣。一位有名的評論家也說：「我每一次訪問都像燒一條魚一樣，什麼樣的魚可以在什麼市場買到，應該怎麼烹調最好，我得先弄清楚。」對於生意人來說，如何從他人那裡得到情報及處理情報，這樣的工作，其實是和編輯人一樣的。許多記者都知道：在沒有新聞時，設法找個話題和人聊聊。生意人也是這樣。也許沒有辦法隨時外出，那就利用電話來跟朋友討教吧！

日本前外相宮澤喜一有個著名的「電話智囊團」。宮澤在碰到記者窮問不捨時，往往要求給予一個小時的考慮時間。如果碰巧在晚上，則只要一通電話就可以得到滿意的答覆，這些答覆來自他的十名智囊團成員。這也就是我們所謂的「人的情報」。

一個人思考的時代已經過去了，建立品質優良的人脈圈子為你提供情報，成了決定工作成敗的關鍵。

環繞我們四周的多半是泛泛之交的朋友，和他們交往雖然愉快，關係卻不能長久。但每個人也都有一些關係穩固的摯友，我們很容易分析得出結交朋友的過程，總不外因為某種緣分與別人邂逅，相互間產生好感，於是有更多的交流，隨後就進入「熟識」階段。朋友使我們覺得有趣或愉快，通常都在這個階段。

熟識之後，開始有一種共患難的意識，彼此間產生友誼。此時我們會期待朋友能對我們有所幫助。這個階段的友誼，連結性強，彼此間也容易產生超過利害關係的親密感。說得更具體一點，交往的本質其實也就是互相啟發和互相學習，彼此從不斷摸索中逐漸改變逐漸成長，建立起穩固而深厚的友情。在我們的工作和生活中，可以作為智囊的朋友，大抵可分為以下三類：

（一）第一類朋友提供給我們相關工作情報和意見，稱為「情報提供者」。這種人大都從事記者、雜誌和書籍的編輯、廣告和公關工作，即使你不頻頻相擾，對方也會經常提供寶貴的意見，像上述的「電話智囊」就是這一類。

（二）第二類朋友提供給我們有關工作方式和生活態度的意見，稱為「顧問」。這種人多半是專家，甚至是本行內的第一人，我們可以把他們視為前輩或師長。

（三）第三類朋友則與工作無直接關係，稱為「遊伴」。原則上不是同行，通常是我們在參加研討會、同鄉會和各種社團認識的，有些也是「酒友」。他們不但可以是「後援者」，有時甚至是我們的「監護人」。

圈子裡的每個人都很重要

在你的人脈圈子中，只要你善於開發，每一個人都會成為你的事業上的助手。

世界一流人脈資源專家哈維·麥凱，就是利用人脈圈子來找到一份好工作的。

哈維·麥凱從大學畢業那天就開始找工作。當時的大學畢業生很少，他自以為可以找到最好的工作，結果卻徒勞無功。好在哈維·麥凱的父親是位記者，認識一些政商兩界的重要人物，其中有一位叫查理·沃德。查理·沃德是布朗比格羅公司的董事長，他的公司是全世界最大的月曆卡片製造公司。四年前，沃德因稅務問題而入獄服刑。哈維·麥凱的父親覺得沃德的逃稅一案有些失實，於是赴監採訪沃德，寫了一些公正的報導。沃德非常感激那些文章，他幾乎落淚的說，在許多不實的報導之後，哈維·麥凱終於寫出公正的報導。

出獄後，他問哈維·麥凱的父親是否有兒子。

「有一個在上大學。」哈維·麥凱的父親說。

「何時畢業？」沃德問。

「他剛畢業，正在找工作。」

「噢，那正好，如果他願意，叫他來找我。」沃德說。

第二天，哈維·麥凱打電話到沃德辦公室。開始，祕書不讓他見，後來他三次提到他父親的名字，才得到跟沃德通話的機會。

沃德說：「你明天早上十點鐘直接到我辦公室面談吧！」第二天，哈維·麥凱如約而至。不曾想面試變成了聊天，沃德興致勃勃的談到哈維．麥凱父親的那一段獄中採訪，整個談話過程非常輕鬆愉快。

聊了一會兒之後，他說：「我想派你到我們的『金礦』工作，就在對街——『品園信封公司』。」

為找工作奔波了一個月的哈維．麥凱，現在站在鋪著地毯、裝飾得富麗堂皇的辦公室內，不但頃刻間有了一份工作，而且還是到「金礦」工作。所謂「金礦」是指薪水和福利最好的單位。

那不僅是一份工作，更是一份事業。四十二年後，哈維．麥凱仍在這一行繼續勤奮開採著「金礦」，他已成為全英著名的信封公司——麥凱信封公司的老闆。

哈維．麥凱在品園信封公司工作期間，熟悉了經營信封業的流程，懂得了操作模式，學會了推銷的技巧，累積了大量的人脈資源，這些人脈成了哈維．麥凱成就事業的關鍵。

事後，哈維．麥凱說：「感謝沃德，是他給了我工作，是他創造了我的事業。」

你圈子裡的每一個人都有可能成為你事業上的貴人。做個有心人，隨時隨地注意，開發屬於自己的人脈金礦吧！

圈子就是學校

「圈子」就是一個學校，進入圈子，你就可能從中學習到許多東西，從而獲得許多知識。在與人交往中，我們可以學到以下三種東西：

一、認識自己

一般人都愛犯一個毛病，就是自以為最了解自己。事實上，我們對自己的認識極為有限，幾乎無法具體的描述自己的個性、能力、長處和短處。當你以為「這就是真正的自己」時，通常只看到「有意識的自我」和「行動的自我」，而這些都只是自我的一部分而已。

我們很難掌握自己，唯一的辦法只有拿自己與周圍的人比較，或者從與人的交往中逐漸看清楚別人眼中的自己，有時候必須在多次受到長輩的斥責和朋友的規勸之後，才能恍然大悟，真正達到自知之明。「以人為鏡，可以明得失。」除非有別人作為鏡子，否則你很難知道自己。

二、了解社會

我們習慣於從日常生活中了解這個社會，別人的生活經驗、書報雜誌和傳播媒介也可以幫助我們了解社會。可是從生活經驗中獲得的社會知識畢竟太狹窄了，就如「井蛙窺天」一樣，使我們難以做出準確的判斷。報紙和其他傳播媒體所提供的也只不過是一張「地圖」，光靠這張地圖，當然掌握不到活生生的現實。像這樣經由較狹隘的個人經驗塑造出來的世界觀，隨著人脈圈子的擴大，有可能慢慢得到修正。

剛從學校畢業時，我們常常聽到父母師長訓勉：「外面的世界很現實的。」的確，外面的世界和我們理想中的世界太不一樣了。簡單來說，只有與人交往才有可能掌握真正的現實社會。

三、了解人生

我們的一生中無時不在受著他人的影響，這些人可能是父母親友，也可能是自己的上司和同事。從他們身上，我們不僅可以更全面的認識自己，更能了解整個社會，同時也因為他們的生活態度而認識人生是什麼。

人脈圈子是一面鏡子，透過它不僅可以了解自己、了解社會、了解人生，還可以從圈子裡的人身上學到很多東西，對於啟發靈感及成長智慧不無幫助。

圈子就是財富

所謂成功，不過是在經營自己的社會關係，累積自己的人脈圈子。成功者真正經營的是自己的圈子。沒有人脈圈子，或者說經營不好圈子的人，難以獲得成功。

人脈圈子是很微妙的東西。我們的一舉一動，所接觸的大人物或小人物都很可能變成日後成敗的因素。而世間密密麻麻的結著人脈的圈子，我們每一個人都生活在一個個圈子之中，攀緣著圈子可以和許多人拉上關係。假如你能和這麼多人建立良好的人際關係，使他們成為在事業上幫助你的朋友、在生意上照顧你的顧客，相信你的事業就一定能成功。

成功的過程，是一個不斷開拓圈子的過程。圈子的大小多少決定了成功的程度。成功學之父戴爾·

卡內基曾說：一個人事業上的成功，只有百分之十五是由於他的專業技術，另外的百分之八十五主要靠人際關係、處世技巧。世界著名人際關係專家哈維．麥凱也說：我所認識的全世界所有的成功者最重要的特徵是：創造人脈，維護人脈。

現代社會的發展已經顯示，在技術、資金、人力資源生產力三要素中，人力資源的重要性越來越明顯，人們對人力資源重要性的認識也越來越深刻。人是生產當中最為活躍的因素，離開了人，一切物質的東西都是死的東西，是不能發揮作用的廢品。所以，在現代商業社會中，一個人要想聚財，就先要聚人。有了人氣，才會有財氣；累積了人脈資源，才會有成功的可能。

臺灣是一個凡事講究關係的國家，人際交往對於一個人的成功有著特殊的重要性。而在我們的文化中，人際交往承載了反映感情、面子、利益、地位等諸多要素的內容，任何一個要素考慮不周，都會影響交往效果，影響雙方的關係。所以，交往既是一個非常重要的事，又是一個難以把握的事。處理好人際關係、累積圈子資源是每一個想成功的人必須考慮的頭等大事。

圈子是自立創業最重要的課題，事業能否成功，人際關係圈起著決定性的因素。你所結成的人脈關係圈子，實際上是你一筆無形的龐大財產。如果你希望成為辦事高手，那就一定要盡快建立良好的圈子。

進入好圈子，好成功

在成功人士圈子裡的人往往也會成為成功人士。不善於利用圈子力量的人，光靠自己單槍匹馬闖天下，在現代社會裡是很難有所作為的。

一般來說，不管圈子裡的貴人名望怎樣、地位如何，只要對你走向成功能夠有所幫助，他就是你登高望遠的好「梯子」。

在一次簽名售書時，曉麗認識了一位知名作家。當時她還在一家公司當祕書，她是位文學愛好者，平時也寫寫散文、小說，還曾在報紙和一些雜誌上發表過。不過，曉麗確實有向文字工作發展的心思，只是沒有合適的關係，想要進入這個圈子工作，還是相當有難度的。

曉麗自從認識了這個作家後，她經常去拜訪作家，不時登門討教。去的次數多了，她也結識了許多作家圈子裡的朋友。其中，有一位在報社工作的記者看過她的稿子後，認為她是個很有潛力也很有想法的人，於是將她推薦到一家報社工作。

到了報社後，她工作非常認真，與人交往也很積極，在公司裡人緣特別好。此時，她有了更多的機會接觸各類名人圈子，也透過其他編輯、記者等認識了許多圈內的成功人士。曉麗從這些人身上學習他們的優點，並按照他們指導的方法去工作，學到了很多新的東西。她現在已經深深體會到了接觸成功人士圈子為她帶來的好處，所以也更加積極的交流。

一年後，她的關係圈子迅速發展了起來。而且，經過那位作家朋友的指導，她的寫作水準也有了很大的進步。

無獨有偶，下面的故事也充分說明了這一點：

徐志摩是我們大家都非常熟悉的一位詩人。了解現代歷史的人都知道，徐志摩的出名是與一位名師不無關係的。這位名師就是近代史上鼎鼎大名的學者梁啟超。那麼，徐志摩是如何攀上這位名師的呢？

徐志摩從小就非常聰明，七歲的時候就對語言和文學表現出濃厚的興趣，但到了十五歲，他覺得自己在這方面的學習幾乎不見長進，迫切需要一位精於此道的老師來指點。

徐志摩聽說有一位叫梁啟超的人是位良師，於是便想拜他為師。但梁啟超是大名鼎鼎的人物，想拜他為師談何容易。於是，他就請表舅為其引見，因為徐志摩的表舅與梁啟超交情頗深。但徐志摩的這位表舅是一貫不希望自己的外甥學文的，認為這風月詩詞之類，不過是閒時消遣之物罷了。他很想讓徐志摩去學醫。

在與表舅的一席座談中，徐志摩表達了自己學文的迫切願望，他那堅定而又略帶哀婉的語氣，以及對長輩的謙恭之情，深深打動了表舅。表舅覺得此子是可造之材，於是答應了他，並親自帶徐志摩去梁啟超的家，讓其拜在梁啟超的門下。從此，在老師的輔導下，加上自身的刻苦學習，徐志摩在詩歌上的進步突飛猛進，最終成為一名聞名於世的詩人。

徐志摩因拜師為自己創造了一個成功的機遇，最終使自己走上了成功之路。徐志摩之所以能拜師成功，是他運用「親情法」來打開一代名師的圈子的結果。

由此可見，一個人如結交上成功人士，一定會獲得更實際的幫助。所以，無論我們從事哪一行業，都需要結交行業圈子裡的名人，與他們建立良好的關係。如此一來，你的命運可能會大大改變，甚至可能脫胎換骨。所以，聰明的人應該設法讓自己接觸一些成功人士，進入他們的圈子，使辦事更容易成功。下面我們介紹幾點結交本行業成功人士的圈子的方法，供你參考：

(1)自己主動結識

「冒昧」的發電子郵件、打電話給名人，主動提出結識要求，這種方式也有很多成功的機會。如今，成功人士的網路資料也比較好找，確實是個不錯的方法。不過，無論是採用哪一種方式，我們都要注意表達方式和言辭，不能過於急躁，也不要任意貶低自己。

(2)找人為你引薦

拜託那些與成功人士交往密切的人作為中間人引薦入圈，會起到事半功倍的效果，這也是很多人常用的方法。因為名流對與他交往密切的人引薦來的人，會刮目相看，鄭重對待。

在找人引薦時需要注意的是：一定要先讓引薦人欣賞並信任你，這樣他才樂於引薦。對一個不太了解的人，或不太賞識的人，中間人是不會輕易引薦的。貿然引薦，令名人不高興，也等於減少了自己在名流心目中的「印象分」。

(3)創造與成功人士相遇的機會

所謂創造機會，無非是經常到一些成功人士出入的場所活動，比如高爾夫球場、高級飯店、健身娛樂場所（游泳池、保齡球館、咖啡廳）、一流的影劇院和音樂廳、高級購物中心等，甚至高級美容院、酒吧都有可能是成功人士出入的地方。

圈子能提升自己

一、透過圈子了解你的競爭對手，從而提高自己。

所謂知己知彼，百戰不殆。你必須掌握競爭對手的特點、動向。比如他們是否重視教育訓練？是否鼓勵員工進修以加強他們的技能？他們在同業中的名聲如何？是否參加商展？有沒有加入商業性組織？

你的人脈圈子是了解這些資訊的最佳管道，而且大部分真實可靠。你的朋友只會幫你，而不會去幫你的競爭對手。

當然在了解競爭對手的情況後，重要的是取長補短：優勢要保持，存在差距就應該追趕。

二、圈子可以讓你了解這個世界，進而豐富你的人生。

檢查一下，你的人脈中，有多少人是外國朋友？如果沒有，你該去發展發展了。

也許你有許多次走出國門的機會，當你「身在異鄉為異客」時，你會深切的體會到，沒有什麼比身在國外一個人也不認識的感覺更空虛、更無聊。

你獨自一個人走在國外的土地上，卻沒有一個人可以幫助你體驗這個國家真正的文化，沒有一個外國朋友邀你到他們家了解一下他們的實際生活，這是非常糟糕的事。

那麼，如何才能擁有一個國際性的人脈圈子呢？

第一，參加國際性的旅行團隊。在旅行中，如果你不知如何去認識他，你不妨問一句：「你常旅行嗎？」你會發現大多數人都喜歡談他們的旅行經驗，於是便能很快為你開啟一個全新的世界。

第二，你可在外文圖書館認識到非常真誠的朋友。

第三，在附近的大學建立聯絡網。

第四，如果你正在就學，國際學生組織是最佳的起點。

三、圈子可以帶給你全新的體驗及知識。

有一位朋友，從事推廣和銷售綠色營養食品，他為這個行業服務了八年時間，而且一直孜孜不倦，並以此為榮。八年的工作經驗使他成為優秀的營養師和生活教練。呂先生因為與他相處的時間多，常常會聽到他有關營養學和養生之道的高論，潛移默化當中，也學會了許多營養平衡和維護身體健康方面的知識。試想，如果沒有這位朋友，呂先生不會知道這方面的知識。

圈子就是能量

交往對象不同，你的位置不同。不懂「心機」的人只知道靠自己的力量，無論多麼努力，往往一輩子也翻不了身。要想發展自己，你就要懂得進入圈子。在攀向事業高峰的過程中，圈子裡的貴人相助往往是不可缺少的「手腕」。

不論在何種行業，「老馬帶路」向來是傳統。目的不外乎是想栽培人才，儲備接棒人才。這些例子在運動界、藝術表演界、政治界頗多。

話雖如此，沒有貴人相助難成氣候，但若要被貴人「相中」，首要條件還是在於被保送上的人究竟有沒有兩下子。俗話說，師父領進門，修行在個人。如果你一無所長，卻僥倖得到一個不錯的位置，保證後面一堆人等著想看你的笑話。畢竟，千里馬的表現好壞與否，代表伯樂的識人之力。找到一個扶不起的人，對貴人的薦人能力，也是一大諷刺。

除了真正是基於愛才、惜才之外，一般而言，貴人出手，多少都帶有一些私心，目的在於培養班子，鞏固勢力。但也有接班人一旦羽翼豐盈之後，立刻另築他巢，導致與師父失和，反目成仇，這類故事從古至今屢見不鮮。

良好的「伯樂與千里馬」關係，最好是建立在彼此各取所需、各得其利的基礎上。這絕不是鼓勵唯利是圖，而是強調彼此以誠相待的態度，既然你有恩於我，他日我必投桃報李。

進入本行圈子，順利找貴人，應該注意以下問題：

(1)了解和掌握貴人的身分和社會關係圈子

任何一位貴人都有自己的關係圈子。這個「圈子」的形成與他的身世和人生經歷有著直接的關係。要想與他攀附關係，你必須多留心和注意他的身世和關係網，包括他的同鄉關係、親屬關係、朋友關係、同學關係、上下級關係等等。掌握了這些關係之後，如果直接與某貴人建立關係多有不便，則可另尋蹊徑，設法尋找一兩位與這位貴人關係甚好的人建立關係。這樣，在必要時，便可以借助這些關係的力量打動這位貴人，使貴人礙於某些關係的面子，不能拒絕你的請求。

(2)打動貴人心

倘若你與貴人的某位好友本來沒有親戚關係，卻「咬定青山不放鬆」，硬說有親戚關係；本來交情一般卻硬說情深似海，這樣做只會弄巧成拙，只能招致貴人的反感。所以，與貴人相識相處，要循循善誘，順理成章，委婉自然，讓貴人感到雖是不經意提起，卻一語中的，牽動著貴人的舊情，甚至讓貴人沉浸於舊情、舊事。你如果能把與貴人的關係處理到這般深厚，那麼還何愁貴人對你委託的事情袖手旁觀呢？

(3)結識貴人要講究場合

眾目睽睽之下，一般是不便與貴人結交的，因為絕大多數貴人並不願意公開自己的身世和社會關係。不但如此，他們還會顧忌你多事和多情，旁觀者更會認為你是在有意巴結。所以，在公共場合結識貴人不但對貴人有礙，也對自己有失。與貴人結交關係，最好是在貴人家裡，借用與貴人閒話家常的時機談，或是在餐廳吃飯的時候談及。在這樣的時間和場合下結交關係最容易使貴人開心，使他樂於接受你的請求。

所以，只要在結識貴人方面下足工夫，一定會贏得貴人的好感。當你有事找貴人幫忙時，他才會一口應承、積極去辦。

另外，求貴人辦事時，如果能贏得貴人的理解與支持，辦事就更容易了。

那麼，怎樣才能獲得貴人的理解和支持呢？一般來說，你必須遵守以下幾項原則：

(1)時間原則

找貴人談事要善於把握機會，要在貴人有閒暇的時候和他會面談事。貴人忙碌的時候，心情容易煩躁，他對你提出的請求會置之不理，甚至還會責怪於你。如果在貴人時間寬裕的情況下會談，貴人有耐心聽，問題會得到重視，所以也就更有利於把事情辦成功。

(2)場景原則

找貴人談事要考慮會談的場所和環境。有的事要到貴人的辦公室裡談，有的事要到貴人的家裡私下談，有的事談得越詭祕越有效果，而有的事越是有旁人聽到越對事情有利。所以，這奧妙就在於你所要求辦的事的分量和利害關係以及貴人的脾氣秉性。

(3)引入原則

找貴人辦事要講究話題的引入方式。有時需要直來直去、開門見山的和盤托出，讓貴人一開始就聽得清楚明白；有時則需要循循善誘，娓娓道來或者漸入佳境。否則便讓貴人感到唐突。一般而言，如下幾種引入方式較為常用：

①透過談工作的事引入自己的事。
②透過談生活的事引入自己的事。
③透過談社會的事引入自己的事。
④透過談家庭的事引入自己的事。
⑤透過談貴人關心的事引入自己的事。
⑥透過談自己關心的事引入自己的事。

(4)會說原則

要想把事辦好，首先要把話說好。話要有邏輯性、條理性，讓人聽了有理有據，而且還要柔和貼切，讓人聽了心悅誠服，同時還要把話說得生動感人，讓人聽了為之心動。所謂「曉之以理，動之以情」，就是有情有理、情理交融的傾情講述。即使是鐵石心腸的貴人，也會深受感動，心甘情願的為你辦事。

(5)恭敬原則

人是最禁不住恭敬的，對貴人來說也是如此。對他恭敬是理所當然的。你對他尊敬，他也會相應的恭敬你和重視你，受到恭敬的人是不會對你的困難處置之不理的。

堅持以上五個原則，便會很容易得到他的理解和支援。到時，不管事情有多複雜，只要有貴人鼎力相助，你就會順利攻克難關，在成功的康莊大道中勇往直前。

第二章 圈子修練術

人脈是一個大圈子，這個大圈子裡有好多小圈子。社交就是大圈子套小圈子，圈子連圈子。圈子修練，就要學會做圈子、鑽圈子、跳圈子、套圈子、轉圈子，這樣你的人脈圈子就會越來越多，越來越大。

圈裡圈外——不同圈子，不同人脈

古人云：物以類聚，人以群分。「圈子」實際上就是物以類聚，人以群分的那一群人。不同的圈子，不同的人。

一、圈子的涵義

「圈子」就是「社群」、「部落」、「團體」，通俗來講圈子就是「關係網」。衡量一個人能力大小，重要指標之一就是看他生活半徑的大小，也就是圈子的大小。圈子沒章程、沒責任、沒權力、沒義務、沒合約，組織形式和行為鬆散、無序、多變。圈子裡的秩序依據名位、能力、資歷、聲望、人緣和對圈子的貢獻自動形成。圈子是對內開放的，對外是封閉的，許多事情只有圈子內的人才能知道，許多好處也只有圈子內的人才能享受。在這個世界上，每個人都處在一個個洋蔥頭結構的圈子裡，每個圈子都有核心，有邊緣，每個人所處的位置不同，說話的分量各異。但是有一樣是相同的，那就是對圈子的依賴。

生活中有不計其數的圈子，我們不是屬於這個圈子，就是屬於那個圈子。大多數人都不僅僅生活在一個圈子中，而是相互交織在很多圈子中。有人發出這樣的感慨：我們生活在一個個大大小小的圈子裡，我們都是「圈養」的。

圈子簡單來說就是一個人的社會關係。共同的愛好，共同的經歷，共同的回憶，共同的血緣，共同的目標，共同的生活背景，共同的利益訴求，都會在我們的身邊形成各種各樣的圈子。愛好文學、音樂、攝影、動漫、旅遊，會形成圈子；曾經同學、同事，會形成圈子；來自某個共同的地方，會形成圈子；喜歡某個共同的明星、名人，會形成圈子；喜歡某部共同的小說、共同的電影，會形成圈子；炒房、炒股、炒基金，會形成自己的圈子；經常出入某些共同的場所，會形成圈子……

二、圈子的劃分

圈子的劃分非常複雜。有的圈子以職業劃分，比如娛樂圈，學術圈，書法圈，繪畫圈等等。只有從事這個職業，並且有了同行的認可，你才可能入圈。有的圈子以財富劃分，比如富人圈。只有你的財富達到一定的數額，你才可以進入這個圈子。有的圈子以個人的成就劃分，比如名人圈。這也是一個不以個人意志為轉移的圈子。名人圈最為龐雜，它包括娛樂界、體育界、文化界、科技界等等。有的圈子以官位的高低劃分，不到某個級別的官員進不了某個圈子。

三、加入圈子就是一種資源分享

加入圈子，其實就是加入熟人社會。我們也許曾經素不相識，但只要加入同一個圈子，就會慢慢變成熟人，相互交換資訊，相互評價對方，相互提供幫助，相互感染，相互影響。

四、先有實力再有「圈子」

「層次高點的朋友」不是靠「找」來的，你只有透過自己努力工作，勤奮刻苦，讓自己的競爭力得到提升，最終覓得一份好工作，才能自然而然的認識更高層次的人。

身邊不少月薪超過十萬元的人，這些人自身實力都很強，很多都是國內外頂尖大學的碩士或MBA，相關工作經驗都在五年以上。但他們並沒有熱衷於擠入某個「圈圈」，在自己的專業領域發揚光大後，反而是「圈圈」主動找上他們。

五、不必盲目擠「圈圈」

職場專家指出，交際圈的重要性不僅僅在於你認識什麼人，或者被什麼人認識，交際圈最重要的一點是：人際改變我們的思維，並且增加了我們實踐的可能性！一味標榜自己的交際圈中都是有錢人，對你的職場生涯和生意可能並沒有什麼實質性的幫助。重要的是，你會不會選擇你的職場貴人，你是否善於經營你的交際圈。如果僅僅為了擠進所謂的「圈圈」而改變自己的觀點、迎合他人，甚至改變自己、放棄一些本質的東西，很容易迷失自我。因此，交際圈只是一個創造機遇的輔助力量，能力才是奠定成功基礎的基石。

圈子：一種需求，一種滿足

人脈關係心理學家認為，互利是人脈交往的一個基本原則。儘管每個人具體的交往動機各不相同，但最基本的動機就是為了從交往對象那裡滿足自己的某些需求。實際上，人脈交往中的互惠互利也是合乎我們社會的道德規範的。

所謂互利原則，既包括物質方面的，也包括精神方面的。由於受傳統觀念的影響，過去人們交往中更願意談人情，而忌諱談功利。事實上，人與人之間的交往需求是多層次的，粗略的可以分為兩個基本層次：一個層次是以情感定向的人脈交往，比如親情、友情、愛情；另一個層次是以功利定向的人脈交往，也就是為達成某種功利目的而交往。現實中人們時常會自覺或是不自覺的將這兩種情況交織在一起。有時候即使是功利目的的交往，也會使人彼此產生感情的溝通和反應；有時候雖然是情感領域的交往，也會帶來彼此物利益上的互相幫助和支持。還有，在人的各種交往中，有時是為了滿足物質需求，有時則是為了滿足精神的需求。換言之，人脈交往的最基本動機就在於希望從交往對象那裡得到自己需求的滿足。這種滿足，既有精神上的，也有物質上的。所以，按照人脈交往的互利原則，人們實際上採取的策略是：既要感情，也要功利。不管是感情還是功利，既然人脈交往是互利的，是為了滿足各自的需求，那麼人脈交往的延續就有一個必要的條件：交往雙方的需求和需求的滿足必須保持平衡。否則，人脈交往就會中斷。也就是說，人脈交往的發展要在雙方需求平衡，利益均等的條件下才能進行。

生活中常常見到有人抱怨朋友缺乏友情，甚至不講交情。其實說穿了，抱怨的一方往往是由於自己的某種需求沒有獲得滿足，而這種需要往往也是非常功利的。所以，我們不必一味追求所謂的「沒有任何功利色彩的友情」，也不必輕率的抱怨別人沒有「友情」。我們只需要坦率的承認：互利，是人脈交往的一個基本原則；既要感情又要功利，是人脈交往的一個常規策略；需求平衡、利益均等，是人脈交往的一個必要條件。

人際關係既然是利益的關係，那麼在人際交往中的最重要規則就是等價交換，個人的價值觀決定了個人為人處事的態度、判斷和選擇。這個問題直接決定了人脈關係圈子建立的根本原則，那種把等價交換僅僅當做是商品經濟的基本原則，是一種比較片面的看法。把它擴大到人際關係上面，交往中的等價交換原則包含了商品關係中的等價交換原則。人的價值觀念的產生遠早於商品，商品等價交換是它衍生出來的產物，是人際關係等價交換原則在商品關係中的展現。我們不能本末倒置。

在人際交往中個人在不同的環境下所扮演的角色是不同的，它的交往角色價值也相應要變化。角色價值的高低取決於個人地位的高低，它是由社會地位、年齡輩分和交往者之間的利害關係決定的。

圈子——資源的魔術方塊

俗話說：「物以類聚，人以群分。」很多價值觀念相近、興趣相同、工作類似的人常常會聚集在一起，形成一個圈子，而且隨著行業分工的細化，這種圈子越來越多，諸如什麼「文化圈」、「藝術圈」、「行銷圈」、「IT圈」、「設計圈」、「演藝圈」等，競相湧現。人們在介紹某個人的時候，也喜歡加上一句：「他是某某圈的人。」圈子名稱似乎成了很多人的一個身分證明。而圈子中的人，也覺得自己找到了歸屬地。

周氏王朝國際控股有限公司總裁周松波就說：「發現人才的管道比較多，企業普遍的途徑是透過在報紙、網上登廣告，還有找獵頭人士。但最好的方法是透過一些朋友，或者透過一些協會，找比較了解相關情況的人。」

華平創投公司董事總經理孫強也認為，投資對象最好在自己的交際圈子中選擇，因為你對他知根知底，能夠信任：「這就像產品一樣，一般來講，最好的企業都是透過熟人的介紹，而不是靠廣告去發現，因為廣告往往摻雜很多水分。所以，我們通常都是透過朋友，比如律師、財務顧問、審計師、會計師以及企業界朋友的介紹來尋找投資對象。」

我們可以從創業成功海歸人士特徵中發現，近八成的回國創業成功的海歸都在不同時期不同程度上至少加入一個協會、商會、校友會、同鄉會、俱樂部或創業園區組織等各式各樣的圈子，他們很多人在這裡找到了創業的團隊、資金、技術、創意等諸多創業元素。

人生在世，每個人都無法避免的生活在圈子當中。圈子越來越多，只意味著人與人之間的接觸越來越頻繁，社會關係越來越開放和多元。廣闊的人脈圈正是一個人通往成功必不可少的周邊支援，而能夠帶來各種人脈關係的工具，正是各類圈子。同樣，沒有人，也就沒有所謂的圈子。

圈子社交法

從某種意義上講，人類社會活動就可以理解為圈子與圈子的關係的形成與變化。每個人的圈子不一樣，每個職業的圈子也不一樣。圈子小的人鑽進了別人的圈子，圈子大的人可以套住別人的圈子，每個人都在他人的圈子裡。

從社會到個人，社交的圈子有大有小，有好有壞。有時，我們從屬於某些圈子；有時，我們領導某些圈子；有時，我們試圖介入某些圈子；有時，我們會有意無意的破壞乃至毀滅某些圈子；有時，我們需要用心呵護乃至重新建造某些圈子……圈子與圈子的關係是微妙的，我們若想在人脈圈子中獲得更多更廣的人脈圈子，我們就應該掌握一定的圈子社交法。

一、學會做圈子

學會做圈子，你的人脈圈子就會越做越大。要學會做圈子，就要提高自己的各種能力，還要注意自己的適應能力，能與各種人打交道的氣度，還要有涵養。

二、學會鑽圈子

一個人為了開拓自己的生存環境，就不得不學會鑽人家的圈子。我們在交往時，經常會鑽到其他人交往的大圈子裡去。或是為了學習，或是為了工作，或是為了生活，或是為了交流等等，不一而足。

比如，一家公司王總經理，他花了上萬元在一些高檔的健身中心辦了會員卡，目的卻不是為了鍛鍊身體，而是為了提升自己的商務交際圈。要知道高檔健身中心，由於收費較高，能夠出入這裡的，大多是經濟收入頗豐的人士，其中不乏一些成功的企業家或公司高層。對於想擴展業務的王總來說，高層人物出入的場所無疑是塊「風水寶地」。他加入健康中心一段時間之後，認識了好幾個大企業家，對他的業務開展起到很大的作用。

再比如，在一家化妝品公司當推銷員的趙小姐，以前只是透過一些朋友的介紹，發展新的客戶。上個月，她無意中想到這個計畫，就在一家健身俱樂部辦了一張計次卡。在鍛鍊的休息時間，和其他會員聊天時，有意無意的談起皮膚的保養，沒想到當場就有好幾個人向她訂購，有人還一下子買了一個系列產品，當月趙小姐就超額完成了銷售計畫。

王總經理與趙小姐在業務上能夠開展成功，與他們善於鑽圈子是分不開的。

三、學會套圈子

套圈子就是你做事時，需要找一種人脈能幫助自己，就把他套來，必須注意給套來的人一個發展空間，讓他的圈子與你的圈子同時發展壯大。

「六度空間」與人際交往

在現實的人際圈子中，要認識任何一個人，最多透過六個朋友就可以做到。比如你要認識體育明星姚明，你可以向你的交友圈中最有可能接近姚明的人求助，你求助的朋友透過相同的方法向自己交友圈中最有可能接近姚明的人求助，最多不超過六個人，你就可以認識籃球之王姚明。這個理論的意義在於，面對數量龐大的朋友時，同樣可以獲得數量龐大的、各種用途的人際關係。你可以透過人際圈子找到一份工作，也可以談成一筆生意，當然也可以找到自己的夢中情人……這個理論就是著名的六度分隔理論。

由地球上驚人的人口數量來看，要把兩個居住於完全不同的地區或國家的人緊密的連結起來，似乎是不太可能的，因為「世界是那麼的大」！你認識的絕大多數的人是你周圍的人，似乎其他的人基本上和你不會發生什麼關係，雖然整個人類的人際網路是龐大的，全世界六十幾億人口，這個數字也是驚人的。不過，在六度分隔理論的意義下觀察，這個世界比我們想像的要「小」得多。

美國有兩位數學家華茲和史楚蓋茲，他們發現了這個古老之謎的數學解釋，這個謎我們將它稱為：六度分隔理論。數學證明了在地球上每個人與其他人之間都只相隔最多不超過六個人！「巧合」確實是會發生的，為了進一步證明這個理論，我們還需要更多的證據。

大約是在一九六〇年代中期，美國心理學家米爾格蘭就於哈佛開始了他著名的小世界實驗。他在內布拉斯加州及堪薩斯州隨機選出一些人，寄信給他們，在信中麻煩他們把信轉寄給他在波士頓的一位股票經紀人朋友，但是並沒有給他們那位朋友的地址。為了轉寄這封信，他請他們只能把信寄給他們認識的某個朋友，而這個收件人是他們認為在人脈上可能比較「接近」那位股票經紀人的人。

這個實驗的結果是，大多數的信最後都到了他朋友的手中，而且出人意外的是，這些信並沒有經過上百次的轉寄，而是只轉寄了大約六次。這個結果看來是很不可思議的，當時的美國已有好幾億的人口，而從社交世界來看，內布斯加及堪薩斯兩個州距波士頓也十分遙遠。但是在信件陸續抵達後，顯示的結果和前一個實驗差別不大──大多數的信件同樣在六步內到達。

「六度分隔」，也稱「六度空間」。這個「六度空間」所製造出來的人脈網路相互連結的種種現象，曾經形成了一些難解之謎。當我們終於弄清了它的涵義之後，才恍然大悟，原來，所有的人都在這個「六度空間」裡相互連結在一起，不但人際網路被包含在「六度空間」的範圍內，人類所有與網路相關的系統都符合這個「六度空間」的原理，這個原理讓許多難解之謎也找到了答案。如果你想在人脈網路的「六度空間」裡獲取利益，必須充分掌握和利用這個「六度空間」原理所製造的種種「機遇」。

遵守圈子法則，贏得人脈

交際中進展速度跟接觸的頻率成正比。人與人之間需要經常互通資訊，互相交流，才能保持良好的關係。親戚之間、朋友之間，甚至剛認識的朋友之間，都要想方設法保持聯絡。

心理學家從研究中得出了幫助別人就能贏得人脈，保持友誼，避免人際圈子破裂的一般原則：

原則一：真誠是圈子交往的最基本的要求。

真誠是圈子交往的最基本的要求，所有的人際交往的手段、技巧都應該是建立在真誠交往的基礎之上的。爾虞我詐的欺騙和虛偽的敷衍都是對人際圈子的褻瀆。真誠不是寫在臉上的，而是發自內心的，偽裝出來的真誠比真正的欺騙更令人討厭。

原則二：你怎樣對待別人，別人就會怎樣對你。

我們都希望別人能夠承認自己的價值，希望別人能夠接納自己、喜歡自己。出於這個目的，我們在社會交往中往往更注意自己的表現，注意吸引別人的注意力，處處期待別人首先接納自己。這種從自我單方面出發考慮問題本無可非議，可是它卻實實在在的影響著我們的交往。

社會心理學家透過大量的研究發現，人際關係的基礎是人與人之間的相互重視、相互支持。任何人都不會無緣無故的接納我們、喜歡我們。別人喜歡我們往往是建立在我們喜歡他們、承認他們的價值的前提下的。人際交往中的喜歡與厭惡、接近與疏遠都是相互的。喜歡接近我們的人，我們才喜歡與他們接近；疏遠我們的人，我們也會疏遠他們。只有那種真心接納、喜歡我們的人，我們才會接納、喜歡他們，願意跟他們建立和維持良好的人際關係。這就是人際交往中的互動原則。

原則三：「人情債」不可欠。

著名的社會心理學家霍曼斯提出，人際交往在本質上是一個社會交換的過程。長期以來，人們最忌諱將人際交往和交換做連結，認為一談交換，就很庸俗，或者褻瀆了人與人之間真摯的感情。這種想法大可不必有。其實，我們在交往中總是在交換著某些東西，或者是物質，或者是情感，或者是其他。正是交往的這種社會交換本質，要求我們在人際交往中必須注意，無論怎樣親密的關係，都應該注意從物質、感情等各方面「投資」；否則，原來親密的關係也會轉化為疏遠的關係，使我們面臨人際交往危機。

在我們積極「投資」的同時，還要注意不要急於獲得回報。現實生活中，只問付出、不問回報的人只占少數，大多數人在付出而沒有得到期望中的回報時，就會產生吃虧的感覺，這樣便很難獲得穩固的人際關係。

不怕吃虧的同時，我們還應注意，不要過多的付出。過多的付出，對於對方來說是一筆無法償還的債，會為對方帶來巨大的心理壓力，使人覺得很累，導致心理天平的失衡，這同樣會損害已經形成的人際關係。這種例子屢見不鮮。我們常常會聽人抱怨：「我對他那麼好，付出了那麼多，為什麼他反倒開始不喜歡我了？」殊不知，正是自己付出的太多，才損害了兩個人的關係。

原則四：不要傷害別人的自尊心。

人有臉，樹有皮。每一個人都有自尊心，都希望別人的言行不傷及自己的自尊心。自尊心的高低是以自我價值感來衡量的。自我價值感強烈，則自尊心水準較高；自我價值感不強，則自尊心較低。大量的心理學研究證明，任何人在人際交往過程中都有明顯的維護自我價值的傾向。例如，當我們取得了成績時，我們會解釋這是因為自己的能力優於別人；當別人取得了成績而我們沒有取得成績時，我們就會解釋這只是別人運氣好而已。

但是人的自我價值感主要來自於人際交往過程中，來自於他人對自己的回饋。因此，他人在人們的自我價值感確立方面具有特殊的意義。別人的肯定會增加人們的自我價值感，而別人的否定會直接威脅到人們的自我價值感。因此，人們對來自人際關係世界的否定性的資訊特別敏感，別人的否定會激起強烈的自我價值保護的傾向，表現為以逃避別人或者否定別人來維護自己的自尊心。遵守以上原則，相信你的人際關係圈子定能穩而不疏。

揣摩人的秉性，靈活與圈裡人交往

每個人的脾氣性格各有不同，但只要你摸透了他們的秉性區別對待，以後的交往便會順利得多，同時也能在關係圈交往中遊刃有餘。

俗話說：「人上一百，形形色色。」在關係圈中總會遇到各種各樣怪脾氣的人，如何掌握每個人的秉性，採取恰當的方式與其相交相處，是一門高深的學問。因此了解與掌握人的秉性是掌握關係圈交往的關鍵。

一、與死板的人相處之道

死板的人往往是我行我素，對人冷若冰霜。儘管你客客氣氣的與他寒暄、打招呼，他也總是愛理不理，不會做出你所期待的反應。其實，儘管死板的人一般來說興趣和愛好比較少，也不太愛和別人溝通，但他們還是有自己喜歡和在意的事。所以，你在與這類人打交道時，不僅不能冷淡，反而應該花些工夫仔細觀察，注意他們的一舉一動，從他們的言行中尋找出他們真正感興趣的事。一旦觸及他們所熱心的話題，對方很可能馬上會一掃往常那種死板的表情，而表現出相當大的熱情。

二、與傲慢無禮的人相處之道

傲慢無禮的人往往自視清高、目中無人，表現出一副「唯我獨尊」的樣子。與他們打交道，實在是一件令人無法忍受的事情。

可是，為了自身利益的需求，又不得不與這種人接觸，那該怎麼對付呢？

最適合的方法有三種：

首先，盡可能減少與其交往的時間。在能夠充分表達自己的意見和態度，或某些要求的情況下，盡量減少他能夠表現自己傲慢無禮的機會。這樣，對方往往也會由於缺乏這樣的機會而不得不認真思考你所提出的問題。

其次，說話要語言簡潔明瞭。盡可能用最少的話清楚的表達你的要求與問題。這樣，讓對方感到你是一個很乾脆的人，是一個很少討價還價的人，因而約束自己的架子。

最後，你還可以邀請這種人去跳舞、聊聊家常、去KTV唱歌等等。而當對方一旦在你面前表現出其生活的本色之後，在以後的交往中，他往往不會再對你傲慢無禮了。

三、與少言寡語的人相處之道

通常會把少言寡語的人稱為「悶葫蘆」，和這種人在一起，總會感到沉悶和壓力。特別是對於一些性格比較外向、活躍的人，更是覺得難受。因而在這種情況下，有些人為了活躍氣氛，便故意找些話題來說。其實這是沒有必要的。因為，對於沉默寡言的人來說，之所以這樣，可能是他們有某種心事而不願多言。在這種情況下，你應該尊重對方，不要去破壞對方的心境，讓其保持一種內心選擇的生存方式；相反，你如果故意沒話找話，並想方設法與對方交談，只會適得其反，引起對方的反感。

四、與自私自利的人相處之道

自私自利的人儘管心目中只有自己，特別注重個人利益的得失，但是，他們也往往會因利而忘我的工作。你對他們不必有太高的期望，也沒有必要期望他們能夠像朋友那樣以情為重。與這類人的交往關係可以僅僅是一種交換關係，按付出給回報，做得好壞不同，獲得的利益也會不一樣。

五、與爭強好勝的人相處之道

爭強好勝的人往往狂妄自大，自我炫耀，自我表現的欲望非常強烈。他們總是力求證明自己比別人強，比別人正確。當遇到競爭對手時，他們總是想方設法的排擠人，不擇手段的打擊人，力求在各方面占上風。對這樣的人，你不能一味的遷就，而有必要在適當的時候，以適當的方式打擊一下他的傲氣，使他知道人外有人，天外有天。

六、與狂妄自大的人相處之道

狂妄的人實際上並沒有多少學問，往往是自吹自擂，誇誇其談，他們所表現的高傲、不屑一顧等神態，實際上是一種心靈空虛的補充劑，以維持其虛榮心。與這些人相處的方式實際上很簡單。剛開始與他們交往似乎覺得他們視野開闊，天南地北，無所不曉，一副居高臨下的樣子，但只要就某一問題深入與之探討，他便會露出馬腳。一旦露了馬腳，他也就自然威風掃地。另外，與這類人初次相處，可以用你的常識將之「震」住，如果做到了這一點，往後的交往便會順利了。

社會是個大圈子，每個人所扮演的角色都各不相同，複雜而又多變。你只有善於與不同性格的人相處，才能在人際圈子中如魚得水。

處理圈子要循序漸進

社會上生存，就要與人交往，交往中只有把握好與人交往的尺度和溫度才能在社會中如魚得水，那就是：「一回生，二回半生不熟，三回才全熟。」正是最高的與人相處的指導原則。保持平靜的、持續的接觸，這樣拓展出來的人際關係圈才是可以信賴的。

王先生參加一個社交聚會，交換了一大堆名片，握了無數次手，也搞不清楚誰是誰。幾天後他接到一個電話，原來是幾天前見過面，也交換過名片的「朋友」，因為那位「朋友」名片設計特殊，讓他印象深刻，所以記住了他。

這位「朋友」也沒什麼特別目的，只是和他東聊西聊，好像兩人已經很熟了那樣。王先生不大高興，因為他對那個人沒有業務關係，而且也只見了一次面，他就這樣子打電話來聊天，讓他有被侵犯的感覺，心裡很不悅，草草說了幾句就掛斷了電話。

在人際交往中，拓展人際關係圈是名利場上的必然作為，但在交往中忌諱操之過急。漸進的、潤物細無聲般的交往才能深入人心。之所以交往要循序漸進是由於以下原因：

(1)人都有戒心，這是很自然的反應。如果你堅持一回生，二回就要「熟」，對方對你採取的絕對是關上大門的自衛姿態，甚至認為你居心不良，因而拒絕與你接近，名人、富人或有權勢之人，更是如此，聰明者自會不動聲色留點「手腕」。

(2)每個人都有「自我」。你若一回生，二回就要熟，必定會採取積極主動的態度，以求盡快接近對方。

也許對方會很快感受到你的熱情，而也給你熱情的回應，可是大部分人都會有自我受到壓迫的感覺，因為他還沒準備好和你「熟」，他只是應付你罷了，很可能第三次就拒絕和你碰面了。

「一回生，二回熟」的缺點還不只上面提的兩點。因為你急於接近對方，所以很容易在不了解對方的情形下以自己作為話題，好持續兩人交談的熱度，這無疑是暴露自己。若對方不是善類，你不是自投羅網嗎？如此說來，做人要留一手，做事時要有點「手腕」，以贏得更多朋友和保護自己。

建圈子，還要調整圈子

一張合理的人際關係圈，必須是能夠進行自我調節的動態結構。現代社會，人際變動頻繁，每天都在結識新的朋友、新的客戶。隨著時間的推移，過去的關係圈很快就會不適應現在的需求，我們必須忍痛捨去一些老關係，把更多的時間和精力投資於建立新的關係圈。

一般來說，至少每三個月變動一下你的關係圈。如果你不定期更新或增加新人，你的關係圈子就會陳舊。

需要調節關係圈的情況一般有三種：

(1)事業目標變化。你的事業目標變了，比如過去以開發中間商為主，現在以開拓終端市場為主；或者你過去從文，現在經商等等，這需要你及時調節圈子結構，以便服務新的目標。

(2)生活環境的變動。本來在A地工作，現在轉到B地去工作。這種環境變動，勢必引起人際圈子的變化。

(3)人際關係斷裂。由於事業與生活目標發生衝突，或者雙方關係圈擴大，不再有時間像過去那樣頻繁接觸，種種因素，都會引起人際圈子的變化。

三個月調整一次關係圈子，意味著我們要不斷結交新的朋友。但是，首先要釐清的是，那個人是不是值得一交。此外，成為朋友取決於兩個人的共同意願，一廂情願的關係是不真實的。我們想讓一個原本不認識的人成為朋友，需要發掘雙方的共同點，這是維持人際圈子的基礎。

其一，察言觀色。一個人的心理狀態、精神追求、生活愛好等等，都要或多或少的在他們的表情、服飾、談吐、舉止等方面有所表現，只要你善於觀察，就會發現你們的共同點。比如，那個人很年輕，而你正好也很年輕，年輕人圈子自然有年輕人共同的愛好，這就成為做朋友的一個共同點了。

其二，以話試探。初次跟一個人見面，可能雙方互有顧忌，首先必須打破沉默，然後從交談中發現共同點。比如詢問對方縣市、身分，從中獲取資訊；留心對方用字遣詞，偵察對方情況；請求幫助，觀察對方心態等等。

其三，聽人介紹。聽第三者介紹，可以比較快的了解一個人。不過要注意，有的人較單純，抱著與人為善的心理，只說別人的好話，不說別人的壞話；而有的人嫉妒心強，只說別人的不足，難得說別人的優點，這樣，你可能只了解到部分資訊，需要進一步了解更全面的情況。

其四，加深了解。交朋結友，不能僅憑一面之緣。儘管也可能遇到一見如故、相見恨晚的朋友，但通常情況下，需要做進一步了解，才能決定那個人是否值得一交，以免誤交損友。

陌生人之間接觸的前四分鐘是至關重要的。如果相處四分鐘後，一方沒有繼續跟另一方交往的意願，雙方很難成為朋友。

如何把握好這最初的四分鐘呢？通常，對方總會問你是做什麼的。如果你的回答只是簡單的一句「我是做企管的」，或者「我是一個老師」，你們就很難深談下去。

比較有利於交往的回答是：「我在某某公司負責一個小組的管理工作，主要為我們的管理軟體發展監視軟體……」也就是說，你願意透露較多的個人資訊，表示你樂意與對方交談，對方也能看出你的交流意願。反之，你只是問什麼答什麼，不肯多說一個字，不管你是不是對對方感興趣，對方都不會想再和你深談。

此外，透過幾分鐘交談，如果雙方互有好感，日後成為朋友的可能性就很大；反之，只要有一方覺得這次交談既無聊又無意義，雙方就很難成為朋友。

三個月調整一次關係圈，還得在圈子裡進行必要的分析。分析自己認識的人，列出哪些人是最重要的，哪些人是比較重要的，哪些人是次要的，這要根據自己的需求來定。由此，你自然就會明白，哪些圈子需要重點聯絡和保護，哪些只需要保持一般聯絡，從而決定自己的交際策略，合理安排自己的精力和時間。

透過分析，對關係圈進行分類。生活中一時有難，需要求助於人的事情往往涉及到許多方面，你需要各方面的幫助，不可能只從某一方面獲得。平時，不妨把有直接關係圈和間接關係圈的人記在一個本子上，把沒有什麼關係圈的人記在另一個本子上，把有用的留下，把沒用的扔掉。這項工作，對你每三個月調整一次關係圈是很有好處的。

在人際交往中，你可能不得不卸掉一些關係圈中的額外包袱，其中或許包括那些相識已久但對你的職業生涯無所裨益的人。維持對你益處不大的老圈子只會意味著時間的浪費。

但是，你仍然需要建立一個良好、穩固、有力的核心關係圈，它由十個左右你能靠得住的人組成。這首選的十個人可以包括你的朋友、家庭成員和那些在你職業生涯中彼此緊密聯絡的人。他們構成你的影響力內部圈，因為他們能讓你發揮所長，而且彼此都希望對方成功。

當雙方建立了穩固關係時，彼此會激發出很大能量。他們會激發對方的創造力，使彼此的情感或能力達到至美境界。為什麼將你的核心關係圈子定為十個人呢？因為強有力的圈子需要你一個月至少維護一次，所以十個人或許已經用盡了你所有的時間。

對這個核心關係圈中的成員，你必須透過電話、傳真、聚會、電子郵件或信件等，保持經常性的聯絡，以免關係疏遠。比如，記下他們特別重要的日子，在他們的生日或結婚紀念日送去你的問候和祝福，當他們中有誰升遷或調到新的單位去時，及時表示祝賀……同時，也讓他們知道你的個人情況。比如，去度假之前，打電話問問他們有什麼需要。此外，不論核心關係圈中誰遇到麻煩，立即與他聯絡，並主動提供幫助。這是維持關係圈的最好方式。

有一位哲人說：一生幸與不幸，關鍵在於你能否處理好身邊七八個人的關係。只要把核心關係圈子打理好，你在事業和生活上都會得心應手。

好圈子和壞圈子

「近朱者赤，近墨者黑」，選擇圈子比努力經營更重要，一個人選擇進入什麼樣的圈子，往往就會有什麼樣的人生。

曾有人做過這樣的測試：

測試東方猶太兒童和歐洲猶太兒童的智商，地點選在以色列的克伊布茲。各項實驗的結果顯示，東方猶太兒童的智商平均為八十五，而歐洲猶太兒童的平均智商為一百零五。這證明歐洲猶太兒童比東方猶太兒童要聰明一點。可是當他們都在克伊布茲住過四年以後，由於當地環境是正向的，學習環境良好，而且學習的氣氛也很實在，所以平均智商都達到了一百一十五的相同水準。

這個實驗給我們一個很好的啟示，當我們善於進入一個良好的社交圈、並能在圈中投入自己的身心，使自己與圈子的進步相協調，那麼，人生取得成功的機會，也就大為增加了。

由此可見，準確選擇圈子，比努力經營圈子更重要。一個人如果置身於某一不好的圈子，就會身不由己，許多事情無法左右；相反，如果一個人進入了一個好的圈子，在其遭受挫折時，就會有圈子中的人鼓勵，在其一帆風順時，就會有人站出來提醒可能存在的問題。

結交圈子不是一件簡單的事。人人都希望結交好圈子，但這只是願望，需要你在結交圈子時認真觀察，切不可粗心大意。這不是對朋友的不信任，相反，這是一種十分負責的行為。

在你的生活中，特別是在你為成功而奮鬥之初，你可能需要尋求知己。但是，你要注意，不要結交那些對你有害無益的朋友圈子，不要被拖入他們的渾水之中。

環境和圈子，對我們的一生有莫大的影響。可以說，擁有什麼樣的交友圈，就會有什麼樣的命運。

有這樣一個笑話：

一隻蝨子常年住在富人的床鋪上，由於牠吸血的動作緩慢輕柔，富人一直沒有發現牠。一天，跳蚤拜訪蝨子。蝨子對跳蚤的性情、來訪目的、能否對己不利，一概不聞不問，只是一味的表示歡迎。牠還主動向跳蚤介紹說：「這個富人的血是香甜的，床鋪是柔軟的，今晚你可以飽餐一頓！」說得跳蚤口水直流，巴不得天快黑下來。

當富人進入夢鄉時，早已迫不及待的跳蚤立即跳到他身上，狠狠咬了一口。富人從夢中被驚醒，憤怒的令僕人搜查。伶俐的跳蚤跳走了，慢吞吞的蝨子成了不速之客的代罪羔羊。蝨子到死也不知道引起這場災禍的根源。

因此，在選擇朋友時，你要努力與那些樂觀肯定、富於進取心、品格高尚和有才能的人交往，這樣才能保證你擁有一個良好的生長環境，獲得好的精神食糧以及朋友的真誠幫助。這正是孔子所說的「無友不如己者」的意思。

相反，如果你擇友不慎，恰恰結交了那些思想負面、品格低下、行為惡劣的人，你會陷入這種惡劣的圈子中難以自拔，甚至受到「惡友」的連累，成為無辜受難的「蝨子」。

有的人為了達到不可告人的目的，必須借助他人的違法行為來進行。或拉人下水，或逼迫他人就範，達成自己非法目的的最佳手段就是「交朋友」。某電視台曾報導了這樣一個案例：

A國某工業自動化研究所研製出一項新成果，在國際上處於領先地位，並能創造出龐大的經濟效益。這一資訊被B國一家大公司得知，他們迫切希望得到這項技術，於是派出工業間諜P．P利用合法的身分作掩護，絞盡腦汁尋找機會。最後，他把目光放到該研究所的助理研究員韓某身上，親自參加了韓某的研製工作。

韓某是剛參加工作不久的研究生，年輕幹練，好結交朋友。P先是透過他人引見認識了韓某，然後又透過請韓某吃飯玩樂、贈送禮品等手段與韓某拉近距離，取得了韓某的好感。時間久了，倆人經常一起出入酒吧、高級舞廳，當然一切花費都由P承擔。後來，倆人成為非常要好的朋友。韓某對P無話不談，他抱怨自己工作十分辛苦，付出很多，待遇卻很低，工作幾年，竟然一間員工宿舍都沒有分到，很想離開研究所。P見有機可乘，馬上介紹外國的生活有多麼幸福，條件多麼好，並表示願意幫助他擺脫困境。韓某十分高興，馬上懇求P盡快幫忙。P見韓某已經上鉤，便提出條件，只要韓某把一項科研成果的資料弄到手，就可以安排出國。

當時韓某雖意識到這是洩露國家祕密的犯罪行為，感到十分為難，終究還是經不起P的利誘，最後橫下決心盜竊科研資料。一天晚上，韓某利用機會，用P交給他的攝影機偷拍了資料，而後交給了P。就在P為自己的成功感到高興的時候，P和韓某都被國家安全人員「請」進了國家安全局。原來，他們的密切來往，有關部門早已察覺，並採取了適當措施。三個月後，韓某因觸犯向境外人員非法提供國家祕密罪，被法院依法判處五年有期徒刑。直到這時，身陷囹圄的韓某才意識到這位朋友的真正用意，可是，等到他醒悟時已經太晚了。

近朱者赤，近墨者黑。交上益友，一生幸福；交上損友，一生禍害。在判斷一個圈子是好是壞，是否值得進入時，建議應該做到以下幾點：

(1)頭腦是否冷靜。因為，有些圈子可能會極力滿足某些成員的私人欲望，或者圈子內部的成員關係有如兄弟姐妹，但是它背棄了社會與大眾的利益，信奉的是小團體主義，這樣的圈子不但容易藏汙納垢，也容易麻痺原本善良的人。這樣的圈子，雖然個人的價值暫時有所展現，在圈中的位置也會攀升，但是，最終難逃與圈子同歸於盡的厄運。

(2)一個人，在選擇有益於自我發展的圈子時，尤其是以事業發展為目的，並非進入越厲害的圈子就越好，應該多方考慮這個圈子的潛力及與自己的具體情況是否匹配。有許多人因為選擇了底子非常好的小圈子，而隨著圈子的飛速發展，很快隨之成為卓越的領導人，甚至創始人。

(3)一個人並非所涉足的社交圈子越多越好，儘管這些圈子可能都是良性循環的。因為整日忙於應酬，把大部分精力都放在與圈子成員的交往上，必然會影響自己正常的工作、學習和生活，也會得不償失。

在好圈子裡面收益良多。要想成就一番大事業，單靠自己一方面的力量是不夠的。在力量不強大時，就要善於借助他人的力量，扛起有名望或有實力一方的大旗，尋找大靠山。在他人的大樹下面開闢一片新天地，這不僅僅是謀略，也是一種成功經驗的智慧產物。

圈子交往要保持適當距離

在美學中有這麼一種觀點，即距離就是美。在人際交往中，巧妙的把握空間距離，給人若即若離的感覺，往往能產生神奇的效果。

圈子交往要保持一定的距離，但過分親密的接觸會讓彼此有一種喘不過氣來的感覺。人與人之間要保持適當的距離，即使再親密的朋友也應當有自己的空間，過分親密反倒會造成彼此的傷害。

有很多人遇到過這樣類似的情況，朋友的熱情和依賴讓你害怕甚至恐懼。朋友之間各自的家庭、工作和其他社會環境，都不盡相同。身為朋友，如果不考慮實際，以自我為中心，強求朋友經常在一塊與你廝守，勢必會讓他感到為難。

人與人的交往過程是一種相互吸引的過程，你們有共同的「東西」，所以一下子就越過鴻溝成了好朋友。這個現象無論是異性或同性都一樣。但再怎麼相互吸引，雙方還是有些差異的，因為彼此來自不同的環境，受不同的教育，因此人生觀、價值觀怎麼接近，也不可能完全相同。人總在無意中傷害著他們自己。很奇妙的是，好朋友的感情和情人的感情很類似，一件小事也有可能造成感情的破裂。所以，朋友之間與其太接近而彼此傷害，不如「保持適當距離」，以使友誼常存。

朋友之間，重要的是雙方相互理解和相互幫助，但不是了解一些沒有必要的東西，有的人為了表示自己對朋友的信任，把自己的一切情況和盤托出。這種做法不可取。友誼應該恰當的把握親密度，不可太過，否則會適得其反，甚至反目為仇。人與人之間的差異是必然存在的，交往的次數愈是頻繁，這種差異就愈為明顯，經常形影不離會使這種差異在友誼上起到負作用。

小王和小李是好朋友。小王在與小李的相處過程中，就知道小李不拘小節的習慣，但他一直認為這是男子漢豪放的展現，甚至因此埋怨自己什麼都算計，節儉得有點不合情理。隨著友誼的加深，從此更加形影不離，但是不久，小王就厭倦了這種生活，並開始討厭小李大手大腳的習慣。每次吃飯，小李都會要上滿滿的一桌菜，吃完飯，一抹嘴起身便走，留下小王「買單」。一向節儉的小王勸了他多少次，他也不聽。一次吃飯，小王付完錢告訴小李，以後吃飯不要再叫我了，小李也非常生氣。兩人從此以後就開始疏遠了。

試想，如果小王和小李之間能夠保持點距離，各自的獨立性再強一點的話，他們的友誼怎麼會出現如此狀況呢？生活中因為過度親密而最終疏遠的例子不少，這應該讓我們醒悟。我們和朋友保持距離正是為了使友誼堅固。

人一輩子都在不斷的認識新朋友，圈子的多寡是衡量你人生品質的一個標準。失去友情是人生的一種損失，因此強調人際交往要「保持一定的距離」是重要的，就像做任何事都有個「分寸」，超越這個界線你得到的就是相反的結果。

因為距離讓我們失卻友誼是遺憾的。我們應該時刻牢記刺蝟之間相互取暖的故事，太近了就會彼此傷害。人永遠都是有缺陷的，金無足赤，人無完人，太過親密會讓各自的缺點暴露出來，如果你還沒有學會寬容的話，那就和交往的人保持一點距離。

所以，調整好與朋友相交，與陌生人初交，與上級、或自己不喜歡的人相交的距離，才能使其適應社會環境，便於傾心交談，取得理想的交際效果。那麼，在人際交往，要如何保持合適的距離，就要注意以下幾個問題：

(1)不要拿愛情的標準來衡量友誼

你不要希望你的朋友像妻子一樣專屬於你，愛情越專一就越甜蜜，友誼則不一樣。我們生活在大千世界裡，友誼本來就是很多人的事，朋友多了苦惱會少，朋友少了苦惱會多。你應該看到這一點。你是這樣，你的朋友也是這樣。

健全的和不健全的友誼之間有一條細微的幾乎模糊不清的界線。有些人與朋友的關係惡化、令人失望或極其令人不滿，他們往往無法區分健全的和不健全的友誼。過分的依賴會損害你和朋友的關係，而且是雙方的。

人說夫妻要「相敬如賓」，如此自然可以琴瑟和諧，但因為夫妻太過接近，要彼此相敬如賓實在很不容易。而朋友之間卻可以做到，而要「相敬如賓」，「保持距離」便是最好的方法。

(2)想要控制朋友的想法是愚蠢的

親密的友誼，是在理解和讚揚聲中不斷成長的，是需要兩個人共同維護、共同認可的。有些人，他們不可抗拒、盛氣淩人。在與朋友的交往中，總喜歡對朋友指手畫腳，不管朋友的想法如何，都要求朋友按照自己的意願去做，而不顧朋友的面子和感情，雖然你是為朋友的利益著想，但你的態度會讓朋友不樂意接受。作為朋友大家都是平等的，如果某一方面是被某種心理上的壓力所迫、被控制去做某事的，他就會覺得很不舒服、很不愉快，一旦有一天無法再忍受下去，你們的友誼有可能中斷。

(3)與朋友該淡則淡，該濃則濃

處理好人與人之間的距離，莫不是處世的學問，而距離就在淡與濃之間，就看你如何去把握了。與朋友該淡則淡，該濃則濃，這才是交友的真諦。

何謂「濃淡相宜」？簡單來說，就是不要太過親密、一天到晚在一起。能「保持距離」就會產生「禮」，尊重對方，「禮」便是防止因對方碰撞而產生傷害的「海綿」。

(4)好友親密要有度，切不可自恃關係密切而無所顧忌

有個人家裡出了一點麻煩，可他並不想讓別人介入這件事。可是，有個朋友一次到他家去，感覺氣氛不對勁，於是就不斷問：「怎麼回事？你家出什麼事了？」這種「無微不至」的關懷，讓人不堪忍受！弄得自己十分厭煩。

朋友相交，重要的是雙方在感情上的相互理解和遇到困難時的互相幫助，而不是了解一些沒有必要的東西。親密過度，就可能發生質變，好比站得越高跌得越重，過密的關係一旦破裂，裂縫就會越來越大，好友勢必會成冤家仇敵。

而現實生活中，牢記這一點的人並不多，以密友相稱的人為了證明和朋友關係的親密，把當眾指責朋友、揭露朋友短處當成一種證明的手段，往往導致友人的不滿。「朋友的形象是你們共同的旗幟，不論關係多麼親密，請你不要砍伐它。」

距離並不是情感的隔閡，保持適當的距離可以讓友誼獲得新鮮的空氣。人際交往時，要把握好交往過程中主客體間的空間距離、心理距離，要考慮到彼此間的關係、客觀環境的因素，給對方一定的空間。

打造圈子要有良好的心理素養

生活中有這樣一類人，他們雖然具備與人交往的能力，但不喜歡被人打擾。他們更喜歡獨處，喜歡待在自己的小世界裡，做著自己喜歡的事情。有些人只要到人多的地方，就會感到不自在，即使是親朋好友的喜慶宴請，或遇到熟人也避得遠遠的，唯恐交際應酬。

這種生活方式固然能滿足他們的心理需求，但是不能作為長期的生活狀態。畢竟人是生活在社會中的，需要與他人交流。人一旦長期與社會脫離，與人際圈脫離，他的心靈之門就會慢慢關閉，心理狀態也會隨之受到影響。慢慢的變得憂鬱、牴觸社會、排斥他人，從而引發一系列的心理問題，這是不容忽視的。

李豔是一個性格內向的人。她在一家公司上班，其他人總是先與她打招呼，她也不怎麼回應別人。她除了做著自己的工作之外，很少與別人溝通。幾個月過去了，李豔被炒了魷魚。原因是她缺乏團隊精神，缺乏人際交往的溝通能力。由於李豔不愛與人交往，喜歡個人獨處，她在職場上屢屢失敗，最後她只好辭了職，回家當起了SOHO族。

每個人可以為自己留下必要的獨處時間，享受無人打擾的寧靜，但是這種狀態絕對不能持久，不能成為自己的生活常態。因為人除了有自然屬性之外，還有社會屬性，與人交流是生活中必不可少的部分。因此，一個人要想在社會的大圈子裡生存，就必須敞開心扉，改變自己，要具備良好的心態去深入圈子，經營圈子，才能把自己融入圈子當中，以下幾種心態不可有：

一、拘謹的性格要不得

在社交場合過分謹慎、放不開是性格拘謹的人最明顯的表現，這是橫在他們與別人之間的一道無形障礙，如果他們不能勇敢的跨過去，就很難進入圈子裡，發展人脈也就成了一句空談。

二、恐懼心理要不得

只是希望與自己熟識的人一起生活、工作、學習，這是很多性格內向的人的普遍心理。但是在現實社會中，這是不切實際的。隨著社會合作程度越來越高，我們不可避免的要去接觸越來越多的陌生人，交際能力越來越成為我們不可或缺的生存技能。很多事情只是憑藉熟人根本解決不了，還要借助陌生人的幫助。所以，對於陌生人，不僅不應該逃避，還要積極去交往。

一提到陌生人，很多人心裡多多少少會有一些恐懼。因為陌生，就意味著自己對這個人的情況完全不了解，意味著很多危險因素的存在，意味著自己的安全區域要被打破。有這種擔心是必要的，但是也用不著過於緊張。事實上，現在圍繞在我們身邊的這些熟識的朋友，不都是從陌生一步步熟識起來的嗎？所以，讓自己輕鬆起來，不要為自己的交往設限。

三、被動的心態要不得

如果你想得到某種東西，必須主動去爭取，想讓它自己送上門來，那是很難的事情。人脈也是一樣，要想擁有豐富的人脈資源，除非是自己積極爭取，否則永遠也不可能擁有。

有句話說：「臨淵羨魚，不如退而結網。」羨慕別人的好運氣，羨慕別人從人脈圈子中得到諸多好處，如果自己不動手編織的話，就只能永遠停留在羨慕的份上。主動搭建人脈，要從身邊的人做起。每天在你身邊會出現很多人，這些都可以作為你交往的對象，只要你主動出擊，相信會馬上打開局面，交到很多很多朋友。

職場中，不要搞「小圈圈」

與同事相處，太遠了不好，人家會認為你不合群、孤僻、不易交往；太近了也不好，容易讓別人說閒話，而且也容易令上司誤解，認定你是在搞小圈圈。所以，在同事圈子裡要處於一種不即不離、不遠不近的同事關係，才是最難得的和最理想的。

有人謂：「好朋友最好不要在工作上合作。」是有一定道理的。

一天，公司來了一位新同事。他不是別人，正是你的好友，而且，他將會成為你的搭檔。上司將他交託給你，你首先要做的是為他介紹公司分工和其他的制度。這時候，不宜跟他拍肩膀，以免惹來閒言閒語。

大前提是公私分明。在公司裡，他是你的搭檔，你倆必須忠誠合作，才可以製造良好的工作效果。

私底下，你倆十分了解對方，也很關心對方，但這些表現最好在下班後再表達吧。

只有和同事保持合適的距離，才能成為一個真正受歡迎的人。與每一位同事保持友好的關係，盡量不要被人認為你是屬於哪個圈子的人，這無意中縮窄了你的人際圈子，對你沒有好處。

現代人的生活方式、思想觀念大都較為前衛，許多的私事不喜歡讓人知道，哪怕是最要好的朋友。所以你可別輕易侵入對方的這個「領地」，除非對方自己主動向你說起。

你應喜歡問問題。你不要認為事情該這樣做，所以你就埋頭去做。為什麼不花一點點時間先問問同事一般都怎麼做。培養好問的態度，不要怕別人認為你怎麼什麼都不懂。和做錯事相比，問問題真的沒什麼。

不做流言蜚語盲從者，但是也不宜不理會謠言。謠言是很多事情的跡象，是山雨欲來前的徵兆。即使細節都不對，但是無風不起浪，你仍可以從中推測出一些端倪。大原則就是，你有興趣聽，但避免被公推為廣播電台。

每個辦公室一般都有這樣的人，這種人在你第一天上班時，就會跑來向你嚼舌根，告訴你說：「老闆對每個新進人員都很好，但是過一段時間之後，你就會知道他的真面目了。」這樣的話你聽聽就好，可別發表意見。因為這種人最有本事攪亂一池平靜的水，然後假裝自己一點關係也沒有。記住，跟你說別人壞話的人，很可能在你一轉身，馬上就和別人說起你的壞話。

善意的微笑，不宜忽略、輕視你的對頭。大部分人都認為朋友給我們最大支持，而對頭企圖傷害我們，所以不去理會他。事實上，朋友說好聽的給你聽，保護你，相反，你的對頭恨不得抓到你的小辮子，你一出錯，他就馬上指責，不會保留，他們攻擊的正是你最脆弱的地方。所以應該好好正視對頭著眼處，並利用這個機會重新修補盔甲，彌補缺點，下次他們再來時，你已經氣定神閒，準備好了。

無論你是保潔阿姨、實習生或總經理，無時無刻不在向人展示燦爛友善的笑容，必能贏得公司上下的好感。年輕的同事視你為大前輩，年長的把你當女兒看待，如此親和的人事關係必有利事業的發展。

不搞小圈圈，不宜總認為同事是知己。幾個月下來，職場朋友對你的事清清楚楚，她聽到你媽媽在電話裡嘮叨，知道你男友的暱稱，你們形影不離，吃中飯又通常是你傾吐心事的時候。這一切讓你覺得能交到這麼貼心的朋友真好。但是三個月後，你升遷加薪，而你的朋友沒有，更巧的是，你成為她的上司，這時，身為你的最好朋友，她應該會替你感到高興吧？但願如此。然而，權力與金錢常常會改變許多人的想法，尤其是關係到前途時，這時候你可能要擔心自己的祕密了。

有原則而不固執，不宜認為只做好分內工作就夠了。工作能力、效率、可信賴的程度、學歷，都不是唯一重要的。無論你是老師、護理師、會計還是祕書，工作環境都是人組成的，學會如何調節與上司或同事之間的關係，這也是一種辦公室的生存技巧。

不要阿諛奉承，不宜露骨的吹捧上司。有些上司不介意聽壞消息，因為希望聽到所有角度的資訊，但是大部分的經理卻不會，因為他們也是普通人。也就是說，他們寧可聽到好消息而不是壞消息，只是這其中仍然有技巧與心意的區別。「經理您今天看起來好年輕。」這樣的話太明顯，上司又不是笨蛋，他當然也聽得出來。你要做的是找出他真正讓你佩服之處，然後適時讚美，就像父母稱讚你房間很乾淨，當你考滿分時學校老師誇獎你一樣。「經理，您昨天的處理方式，讓我們能夠順利進行任務，真的多虧有您出馬。」你看，以後你做事情一定會順利得多。

只懂奉迎上司的勢利眼一定會被大家討厭。完全不把同事放在眼裡，苛待同事下屬，無疑是在到處替自己樹敵。

在職場上，沒有永遠的朋友，也沒有永遠的敵人，不搬弄是非，保持對每個人都友善的態度就能夠立於不敗之地。

測試一下你的人脈圈子指數

你的人緣如何？會不會交朋友？請你根據自己的實際情況，就下面十五個測題如實作答，並按後面的計分標準算總分，再參照評語，你就可以大致上清楚自己的人脈圈子狀況，對你如何改變圈子狀況會有幫助。

一、測題

(1)你和朋友過得很愉快，是不是因為

A、你發現他們很有趣，既愛玩又會玩

B、朋友都滿喜歡你

C、你認為你不得不這樣做

(2)當你休假的時候，你是否

A、很容易結交新朋友

B、比較喜歡自己一個人消磨時間
C、想交朋友，但發現這不是一件容易的事

(3)當你安排好要會見一位朋友，又感到很疲倦，卻不能讓朋友知道你的這種處境時，你是否
A、希望他能諒解你，儘管你沒有到朋友那裡去
B、還是盡力趕去約會，並且試圖讓自己過得愉快
C、到朋友那裡去了，並問他如果你早點回家，他有什麼想法

(4)你和你的朋友在一起的時間有多久？
A、一般情況下是幾年
B、有共同感興趣的東西時，也可能待上幾年
C、一般都不久，有時是因為遷居他鄉

(5)一位朋友向你吐露了一個非常有趣的個人問題，你是否
A、盡自己最大努力不讓別人知道
B、根本沒有想到把它傳給別人聽
C、當那位朋友剛離開，你馬上找別人來議論這個問題

(6)當你有了問題的時候，你是不是

A、通常感到自己完全能夠應付這個問題

B、向你所能依靠的朋友請求幫助

C、只有當問題確實嚴重時，才找朋友幫忙

(7)當你的朋友有困難時，你是否發現

A、他們馬上尋求你的幫助

B、和你關係密切的朋友才來找你

C、朋友並不打算來找你

(8)你通常要交朋友的時候，是不是

A、透過你已經結識的熟人幫助你

B、各式各樣的場合下都能這樣做

C、經過一段較長時間的觀察、考慮，甚至可能經歷某些困難後才交上朋友

(9)在以下三種特質中，你認為哪一種是你的朋友應當具備的

A、使你感到快樂和幸福的能力

B、為人可靠，值得信賴

C、對你感興趣

(10)下面哪一種情況最適合，或者最接近現實的你

A、我經常讓朋友高興的大笑

B、我經常讓朋友認真的思考問題

C、只要有我在場，朋友都感到很舒服

(11)應邀參加一次活動，一次比賽，或者應邀在聚會上唱歌，你是否

A、藉口不去參加

B、饒有興趣的參加這些活動

C、當場就直率的謝絕了邀請

(12)對你來說，下面哪一條是真實的

A、我喜歡稱讚和誇獎我的朋友

B、我認為誠實是最重要的人格之一，所以我常常不得不持有與眾不同的看法，很討厭鸚鵡學舌，人云亦云

C、我不奉承但也不批評我的朋友

(13)你是否發現

A、你只跟那些能夠為你分擔憂愁和快樂的朋友相處得好

B、一般來說，你幾乎能和所有的人相處融洽
C、有時候你甚至想與你漠不關心、不負責任的人相處下去

(14)朋友對你惡作劇，你是否
A、和他們一起哈哈大笑
B、感到氣惱，並且溢於言表
C、可能和他人一起哈哈大笑，也可能惱怒發火，這都取決於惡作劇發生時你的精神狀態和情緒

(15)別人依賴你，你有什麼想法？
A、某種程度上，我並不在乎，但是我想和我的朋友保持一定的距離，有一定的獨立性
B、很不錯，我喜歡讓朋友依賴，認為我是一個可靠的值得信賴的人
C、我持著謹慎的態度，比較傾向於避開可能要我承擔的某些責任

二、計分

	(1)	(2)	(3)	(4)	(5)	(6)	(7)	(8)	(9)	(10)	(11)	(12)	(13)	(14)	(15)
A	3	3	1	3	2	1	3	2	3	2	2	3	1	3	2
B	2	2	3	2	3	2	2	3	2	1	3	1	3	1	3
C	1	1	2	1	1	3	1	1	1	3	1	2	2	2	1

三、評價

假如你得到的總分是三十六到四十五分，那麼，你的人緣比較好：你願意和朋友在一起，他們也都喜歡你，你們相處得不錯。而且，你能夠從平凡的生活中得到許多樂趣，你的生活是比較充實而且豐富多彩的。一句話，你會交朋友，你的人緣很好。

要是你的總分是二十六到三十五分，那麼，你的人緣不怎麼好。換句話說，你和朋友的關係並不牢固，時好時壞，經常處在一種起伏波動的狀態中。這就表示，一方面你確實想讓別人喜歡你，想多交些朋友，儘管你自己也做出了很大的努力，但是別人並不一定喜歡你，朋友跟你在一起時可能不會感到輕鬆愉快。你只有認真的檢查自己的言行，虛心聽取那些逆耳的忠言，真誠對待朋友，學會正確的待人接物，你的處境肯定會改變的。

如果你的總分是一到二十五分，那就有點糟糕了。你很可能是個孤僻的人，想法不活躍，不開朗，喜歡獨來獨往。但是，這一切並不意味著你不會交朋友，更不能武斷的說你的人緣很差，其主要原因在於你對社交活動，對人與人之間的關係不感興趣。記住：人生活於社會就是社會的一員，人們若想和睦相處，就應當互相幫助，互相尊重，互相關心。

第三章 先修練魅力，再做「圈子」

人際交往中，魅力是一種力量，也是一種資產。魅力十足，永遠都是我們走向成功的基本保證。要想成為一個受歡迎的人，就要在魅力上下點工夫！

修練魅力：有魅力才有吸引力

人際交往中，個人魅力的作用相當於一張無形的名片。能否運用得好，直接關乎你的受歡迎程度。那麼，什麼是個人魅力呢？它是指一個人的所作所為作用於其他人內心的一種吸引力和感染力。是由外表、才能、性格、EQ、氣質、品德、素養等多方面因素系統交融的一種綜合力量。誰能把這些綜合指標發揮得恰到好處，誰就是那個最有魅力的人。

現實生活中，我們會發現，有些人似乎比別人都幸運，他們的成功常常來得更快一點。其實，這並不是因為他們比別人擁有更多的智慧，而是因為他們身上具有某種能吸引人的特質，正是這種出色的人格魅力，使得更多的朋友願意幫助他們，更多的人願意與他們合作。

如果你是一個喜歡拳擊運動的人，你就不可能不知道唐·金——這個當今全球最成功、最有影響的職業拳擊推廣人。唐．金曾經先後成功推廣過：穆罕默德．阿里、瓊．弗雷澤、拉里．霍姆斯、麥克．泰森、蘇格．雷．萊昂納多、依凡德．何利菲德和菲利克斯．特立尼達德等近一百位個體拳手，並已在全球成功推廣了五百多場拳王爭霸賽。

而唐．金能取得這樣令人矚目的成績，不僅僅是因為他有超強的工作能力，更與他的個人魅力和個人感染力有著分不開的關係。

「二〇〇八年世界職業拳王爭霸賽」賽前新聞發表會，一直以個人魅力和個人感染力而著稱的唐．金也來到了現場。會場之上，唐．金多次利用幽默的語言使現場發出熱烈的笑聲，把現場氣氛推得一浪高過一浪，讓更多的觀眾見識到了他的個人魅力。

活動結束後，唐．金在離開發表會現場的過程中，再次引發媒體的競相採訪，儼然是本次活動關注的焦點。可見七十七歲的唐．金，依靠非凡的個人魅力，征服了在場的所有人，風頭直逼體育明星。

既然個人魅力如此重要，那麼我們該怎麼做才能有效提高個人魅力呢？培養個人魅力，就要塑造其成功的個性，而這又有賴於氣質的培養。心理學研究顯示，氣質與遺傳因素特別是和大腦高級神經系統的特性有密切的關係，具有先天性。可是，這並不意味著一個人對自己的個性就完全無能為力了。相反，為了提升自己的人生品質，我們應該積極克服那些對自己不利的性格因素，尋找能為自己的個人魅力加分的良方。

首先，魅力來自於勇敢堅強的性格。如果一個人在危機到來之前就提前倒下了，又或者在挫折面前自暴自棄、怨天尤人，這都會讓你的魅力形象盡失。我們應該在關鍵時刻，表現得勇敢、堅強，也許只是一個果斷的決定，一個堅定的眼神，一句斬釘截鐵的話或者一個有力的擁抱，都能展現出一個人的魅力。

其次，魅力來自寬容豁達。與之相反的是那種斤斤計較、小肚雞腸、錙銖必較，雞毛蒜皮的小事也要和人爭執半天的人，他們有什麼魅力可言呢？只會讓人覺得無聊。寬容豁達才能顯出一個人的風度，胸懷寬廣是有涵養的表現。

此外，魅力來自於自信。一個人如果沒有自信心，就根本不可能有堅強、勇敢、穩重的性格。自信心是促使一個人前進的內部動力！也是他取得成功所必備的、重要的心理素養。只有擁有了自信，才可能在艱難的事業中有必勝的信念，才可能攀登上人生的最高峰，托起成功的巨輪！

還有，魅力來自於幽默。幽默是一種高雅的特質，它是睿智與閱歷的展現，是人際交往的潤滑劑。俄國文學家契訶夫說過：不懂得開玩笑的人，是沒有希望的人。無疑，善用幽默，可有效提升自己的個人魅力。同時，幽默是一種智慧的表現，要培養自己的幽默感最重要的是擴大自己的知識面，不斷從浩如煙海的書籍中收集幽默的浪花，只有擁有了廣博的知識，才能做到開朗健談，妙言成趣，從而做出恰當的比喻。另外，要有樂觀精神。因為幽默感和樂觀精神是親密的朋友，很難想像一個成天愁眉苦臉、憂心忡忡的人會有出色的幽默感。

最後，如果你能做到以下十個細節，那麼你也必將成為一個有個人魅力的人：把你遇到的每個人都當做是你今天遇到的最重要的人；與別人握手時注視別人的眼睛；充滿熱情的與人握手，握手時，要表達出對對方的肯定；微笑多保持兩秒鐘，使你平添魅力；外表很重要，見面之前，仔細檢查一下衣著；真誠的讚美別人；及時肯定別人的成績；把自己的感情投入到對方的情境中；要像小孩子一樣對你所居住的世界產生興趣；回答對方問話時要針對個人的性情、喜好，而不要針對他們的話。

一個人的人格魅力和他的智力、受教育程度一樣，都是能直接關係到他的前途的。所以，任何一個人若想擴大自己的人脈圈子，不能不注意提升自己的個人魅力。當你擁有卓爾不群的個人魅力時，你的氣場就會變大，你的人脈圈子也會變廣。

修練性格：拘謹性格要不得

在社交場合過分謹慎、放不開是性格拘謹的人最明顯的表現，這是橫在他們與別人之間的一道無形的牆，如果不能勇敢跨越，就很難融入到人群裡，經營人脈也就成了一句空談。

一般來說，性格拘謹的人都比較內向，他們不善言談，很在乎別人對自己的看法，在人前很難放得開，缺乏必要的交際技能。所以，他們很少主動出席一些社交場合，能避免的盡量避免，實在沒辦法推託的話，他們也會勉強出席，不過在活動現場，他們會覺得自己與別人格格不入，在眾多的陌生人面前不知道如何得體表現自己，很怕自己稍不留神就被別人恥笑。有時即使有與人交往的欲望，也會努力克制自己，盡量不給別人取笑自己的機會。這種人往往有著強烈的自尊心。

維護自尊心，這種意識每個人都有，但是不要超過它的正常限度，一旦過於強烈，就會為自己的交往造成障礙。

麗麗是一個天生內向寡言的女孩子，每到一個新環境就讓她很苦惱。因為新鮮的人和事讓她不自在，會很拘謹。還易產生害羞的情緒，她要過好長一段時間才能慢慢和大家熟悉起來……即使熟悉了，朋友都坐在一起閒聊的時候她也不好意思插話，也可能是因為她語言表達能力太差，所以不好意思當眾說話吧，但是慢慢的，她對事情都沒有見解和看法了……她現在真的很苦惱。她說：事實上我覺得安靜一點並沒有什麼不好，但是該說話的時候我也沒話說，熟人還好說，說不說話也沒什麼太大的關係；可是稍微生疏一點點的人，我都不知道怎麼跟別人交流，非常尷尬。我變得越來越沉默了，朋友也越來越少……

走入社會，要想很好的發展，沒有圈子是絕對行不通的，所以，像麗麗這樣性格拘謹的人，一定要改變自己的性格，放開膽量與人交往。不要怕自己出醜，不要怕自己做得不完美。事事盡善盡美的人只是理想化的，太注重自我形象只會加重你不完美的感覺，不會帶給你任何好處。看看周圍的人，難道他們表現得很好嗎？就算是交際高手，難道就不犯錯了嗎？當然不是，他們也會犯錯，可能還會犯比你嚴重的錯誤，但是這絲毫不會影響他們去交往，不會影響他們在人前展示自己。

所以，不要太在意別人的看法，你自己的感覺才是最重要的，你只要做好你自己，真實表現出你的本色就行。每一個人都是上帝獨一無二的寵兒，你也是。所以，勇敢一點，走出去，大大方方來到人前，向他們禮貌打聲招呼，以你最佳的狀態與人交往，大家會發現你的與眾不同，從而樂意接納你。

修練形象：好印象是進圈的基礎

人與人相見，投緣者往往「一見如故」。為什麼會一見如故呢？這就是第一印象造成的神奇效果。因此說，良好的第一印象是開啟圈子之門的鑰匙。

著名的社會心理學家阿希曾以大學生為對象做過這樣一個實驗：

他讓兩組大學生評定對一個人的總印象。對第一組大學生，他告訴大家這個人的特點是「聰慧、勤奮、衝動、愛批評人、固執、妒忌」。很顯然，這六個特徵的排列：順序是從肯定到否定。對第二組大學生，阿希所說的仍是這六個特徵，但排列順序正好相反，是從否定到肯定。研究結果發現，大學生對被評價者所形成的印象，嚴重受到了特徵排列順序的影響。先接受了肯定資訊的第一組大學生，對被評價者的印象遠遠優於先接受否定資訊的第二組大學生。這就說明最初印象有著高度的穩定性，後續的資訊很難使其發生根本性的變化。

良好的第一印象是打開交往大門的一把無形的鑰匙，可以說「良好的開端是成功的一半」。在交往中，怎樣才能給人留下良好的第一印象呢？不妨從以下幾個方面做起。

(1)注意儀表

社會心理學家認為，在公眾場合人總是趨近衣著整潔、儀表大方的人，或衣著略優於自己的人。這種行為，在日常生活中也常見到，沒有人願意和一個不修邊幅、骯髒邋遢的人在一起。

人的衣著服飾和一個人的地位、身分和修養連在一起。為獲得良好的第一印象，穿著上一定要注意身分和場合。一個電影明星打扮得性感一點，人們覺得很正常，但一個中小學老師濃妝豔抹、穿著火辣就會被認為不合身分了。因此，我們平時要注意穿著得體、整潔，盡力為自己給人的第一印象加分。

(2)注意臉部表情與眼神

在我們身邊，與人交談面帶笑容、聽人說話時表現出專注神情的人，一般都是人際關係很好的人。表情不僅可以充分展示自己的人格和修養，還可以彌補自身的一些先天不足，也可以掩蓋自己的一些缺點。真誠的微笑會使一些人成為交往中的常勝將軍。

著名成功學家戴爾．卡內基說過，「做人要學會微笑」。眼睛是心靈的視窗，在交往中，眼睛被對方注視得最多。兩個人見面時即使沒有開口說話，從目光上就可以判斷出心理優勢的一方。所以在第一次與人見面時要善於運用自己的視線，也要學會了解對方視線的涵義並隨時調整自己的視線。眼睛可以直視對方，但不要引起對方的不愉快，在異性交往中尤其要注意。

(3)注意談吐

想要透過談吐來建立良好的第一印象，首先要分析自己的聲音，研究一下自己的聲音效果，因為說話的速度、聲音大小、音質和口齒清晰度等特點，在傳遞資訊的過程中，和說話方式、說話內容同等重要。

我們要使別人對自己的聲音有好的感覺，應當注意四個方面。一是會根據房間大小、聽眾人數、雜訊量、說話內容以及本人的情緒來決定自己的說話速度，同時要學會停頓。二是要能控制聲音的大小，保證自己的音量既能強調重點，又能讓對方了解談話的內容，因此，高亢和低沉各具魅力，關鍵在於要適合當時的環境。三是要消除破壞音質的因素，讓自己的音質成為對方注意的因素。四是要咬字吐句清晰，首先讓對方容易聽懂。在談話的過程中要注意使用準確而又得體的稱呼，而且對方也很願意接受這種稱呼。在表述上，委婉是一種很恰當的方式，含蓄也是有修養的表現，這些都能給對方一種受尊重的感覺。此外，說話幽默風趣也非常重要。

(4)注意傾聽

「說」是一門藝術，「聽」也是一門藝術。聽人講話要像自己講話一樣，保持飽滿的情緒，用心理解對方講話的內容，即使你已經聽懂了對方的意思，也應出於禮貌耐心的聽下去，要善於做一個謙虛的聽眾。同時，不要邊聽人家講話，邊做與談話無關的事，這是對他人的不友好表現。

(5)注意行為舉止

行為舉止是一個人內在氣質、修養的表現。男子的舉止講究瀟灑、剛強，女子的舉止要注意優美、含蓄。要講究自己的站立和坐的姿勢、走路方式以及一些習慣性動作。身體接觸也是溝通的重要手段，見面時有分寸的握手，既得體，又表現了熱情、開朗的性格，對於建立第一印象是非常有利的。初次相識，斜坐在椅子上顯得缺乏修養，行為隨便；遠離他人講話表示與人有心理距離，不接納他人；目光游移則表示不把他人放在心上。所以，在交往中，一個善於修飾自己言談舉止的人，會十分注意上述幾個方面，從而贏得很多人的好感。

(6)從幫助他人開始

在心理學中，幫助是廣義的，既包括情感上的支持，對於痛苦的分擔，觀點的贊同，建設性的建議，也包括困難解決上的協助和物質的支持。人際關係中存在功利原則，即任何一個人，只有當一種人際關係對他們來說是值得的，他才願意並試圖去建立和維持。因此，以幫助他人為開端的人際關係，不僅較容易確立起良好的第一印象，也可以迅速縮短心理距離，使親密的關係很快建立起來。如當他人有難之時，我們能及時給予幫助，使其遠離危難，對方一定會對我們有很高的接納性，從而在短時間內建立起比較親密的關係。幫助他人不一定非要對方遇到重大困難時，它可以展現在日常生活的一些小事上，如熱情的為陌生人指路，在公車捷運上讓座給老弱婦孺，他人搬不動東西你過去接手……慢慢的，透過幫助他人，你可以獲得許多朋友和快樂。

(7)接納他人

如果你不相信任何人，你也就不可能接納任何人。雖然交友要有選擇，但在沒有了解對方之前，不要首先就全部否定，這會使你失去很多真正的朋友。實際上，根據人際交往原則，你不信任別人，別人也就不會信任你；相反，你以坦誠友好的方式待人，對方也往往會以同樣的方式待你。

修練禮儀：圈子社交禮儀不可少

善於交際的人，往往不費吹灰之力就能妥善處理人際關係，拓展人脈圈子；不善於交際的人，儘管費了九牛二虎之力去經營圈子，最終還是一塌糊塗。要想在社交圈子裡遊刃有餘，還須深諳社交禮儀黃金法則。它可以幫你順利打開人際圈子。

從個人修養的角度來看，禮儀是一個人內在修養的外在表現，也就是說，禮儀展現了個人的水準、教養，反映他對於交往禮節的認知和應用。一個人的禮儀修養水準高，能使其行為舉止留給人們美好的印象，有助於人們獲得交往活動的成功。

社交禮儀的規則是處理人際關係的出發點和指導原則。社交禮儀主要有四項規則，規範著人們的舉止言行：

(1)尊重他人

人際交往活動中必須遵守對方的人格尊嚴，尊重是禮儀的情感基礎，人與人之間彼此尊重，才能保持和諧愉快的人際關係。

在人際交往中講究禮貌是為了表達對人的尊重。實際上，尊重應該是相互的，你尊重別人，別人自然也會尊重你；你不尊重別人，你也不會被尊重。世界上一般人都希望別人尊重自己，那麼人人都應該學會尊重別人。只要求別人尊重自己，而自己一點也想不到應該尊重別人，這是自私自利、不懂得基本禮貌常識的表現，這樣做也就無法在人際交往中取得成功。

(2)自律自重

禮儀規範是為維護社會生活的穩定而形成和存在的，它反映了人們的共同利益要求，社會上每個成員都應當自覺遵守執行。誰違背了禮儀規範，就會受到社會輿論的譴責。

人們掌握了禮儀規範就會在心目中樹立起道德信念和行為準則，並以此來約束自己在社交中自覺按禮儀規範去做，做到自律自重。

對個人來說，培養自律自重的過程實際上是在高度自覺的前提下使自己的整體素養提高的過程，所以這不是一朝一夕的事。但是，只要肯下工夫，是能夠達到理想境界的。因此我們應當自覺學習禮貌、禮節、民俗等方面的知識，只有這樣，才能在待人接物中應付得左右逢源。

生活中，有人在某種場合很懂禮貌，很有修養，懂得自律自重，而在另一種場合卻顯得粗野庸俗。當然環境對人的影響很大，但禮貌修養好的人總是能以嚴格的禮儀規範要求自己，即使遇到一些特殊場合，比如對不講禮貌的人，也能心平氣和的以禮待人。他們何時何地都能講究禮貌，而不受環境的影響，這是他們自我性情陶冶的結果。

(3)寬宏大度

寬宏大度，就是能容人，能原諒別人的過失。每個人都要學會推己及人，設身處地多為對方著想，嚴於律己，寬以待人，樹立容納他人的意識。

在與他人的交往過程中，應當具有寬容別人的胸襟。如果出現意見對立或對方傷了你的自尊心，侵犯了你的利益，都應以寬大的胸懷容人。我們不能要求所接觸的人都有使自己滿意的處世辦法。有的人在待人接物時會無意中出現失禮行為，還有的人缺乏禮貌修養。遇到這些情況，如果不容人，則無法使交往繼續進行，甚至造成很難彌合的感情裂痕。寬容別人，不但能顯示出自己的良好修養，而且能使行為不良的人得到感化。

(4)適度為宜

人際交往中要注意各種情況下的社交距離，也就是要把握在特定環境中人們彼此之間的情感尺度。

人與人交往的時候不能冷淡，也不能過於熱情，過分的熱情會讓人反感。實際生活中，常見的過分熱情的現象有：與人交談時，喜歡用過多的吹捧語言；不管他人是否願意接受，勉強別人吃飯或玩耍；客人已是酒足飯飽，還不停的勸其繼續吃喝等等。過分熱情會使別人陷於難堪境地，還可能覺得你很虛假。所以，我們在待人接物時要注意既用真誠的熱情，又要掌握一定的尺度，即要做到熱情有度。

尊重交往對象，也應有一定的分寸。過分的尊重有可能會讓對方覺得自己被逼演戲，對方也可能會因此看輕你。

表現自己的謙虛，應有一定的分寸，過度的謙虛會讓人覺得虛偽；表現自己的豪爽，也應有一定的分寸，否則別人會覺得你對任何人都會這樣，他自己受到的豪爽與慷慨並不那麼寶貴。

人與人之間的交際，需要給予和付出，也需要很好的把握交際的距離，真正待人有方的人，總會不失時機的讓自己與別人保持一定的距離。

距離是維持人際關係最重要、最微妙的空間。一旦空間被擠壓、被侵占，友誼的大廈就會倒塌。遺憾的是有些人不善於調整距離，恨不得朝夕相處，這便犯了人際交往的大忌。

修練誠信：誠信讓你立足於圈子裡

與人交往，往往都是建立在一個「信」字上，誠信待人才能感動別人，才能縱橫交際圈。

常言說，「君子一言，駟馬難追」，講的就是誠信。一個沒有信譽的人，是為人所不齒的。在圈子交往中更應該遵循這一準則。也就是說交朋友要講求信用、遵守諾言。人生在世，必須言而有信，說到做到。

古代人交朋友，強調一個「信」字。在小孩子啟蒙讀物《幼學瓊林》中，有專門講交友的章節，而且有種種概括：「心志相孚為莫逆，老幼相交日忘年。」、「爾我同心日金蘭，朋友相資日麗澤。」、「刎頸之交相如與廉頗，總角之好孫策與周瑜。」這些都是說友情的深厚，而誠信是深情厚誼的源泉。

相傳東漢時，汝南郡的張劭和山陽郡范式同在京城洛陽讀書，學業結束分手時，張劭站在路口，望著長空的大雁說：「今日一別，不知何年才能見面……」說著流下淚來。范式忙拉著他的手，勸說道：「兄弟，不要悲傷，兩年後的秋天，我一定去你家拜望老人，同你聚會。」

兩年後的秋天，張劭偶聞長空一聲雁叫，引起了情思，趕緊回到屋裡對母親說：「母親大人，剛才我聽到長空雁叫，范式快來了，我們準備準備吧！」他的母親不相信，搖頭嘆息：「傻孩子，山陽郡離此地少說也有一千多里路啊！他怎會來呢？」張劭說：「范式為人正直、誠懇、極守信用，不會不來。」他的母親只好說：「好好，他會來，我去做點酒。」其實，老人並不相信，只是怕兒子傷心而已。

范式果然在約定的日子風塵僕僕的趕來了。舊友重逢，十分親熱。張劭的母親激動的站在一旁直抹眼淚，感嘆道：「天下真有這麼講信用的朋友！」范式重信守諾的事情被後人傳為佳話。

「人無信不立」，所以做人一定要講誠信的，這也是人際交往的一個基本原則。「季札掛劍」的故事很有名。

季札是春秋時吳國有名的公子，德才兼備，譽滿天下。有一次他出使別國，路過徐國，與徐國國君會晤，席間，徐君看到季札腰間的寶劍，欣賞不已。季札考慮到自己還要出使別的國家，而佩劍是使者的必備之物，不能送人，當時就沒有表態。

等他完成出使任務回國時，又經過徐國，他想把那把寶劍送給徐君，可是徐君卻已經去世了。季札十分惋惜，他來到徐君的墓前，把寶劍掛在墓前的樹上，完成了自己心中的約定。

做人要講誠信，人際交往要守信，誠信是一種無形的資本，需要人們精心維護，慢慢累積。而如果你不講誠信，僅僅一次，就會把長期的累積揮霍一空。

修練情緒：圈子交往要善於控制情緒

美國公布過一份權威調查，顯示了近二十年來美國政界和商界成功人士的平均智商僅在中等，而EQ卻很高。一九九〇年代初期，美國耶魯大學的心理學家彼得．沙洛維和新罕布夏大學的約翰．邁耶提出了情緒智慧、情緒商數概念。在他們看來，一個人在社會上要獲得成功，起主要作用的不是智力因素，而是他們所說的情緒智慧，前者占百分之二十，後者占百分之八十。一九九五年，美國哈佛大學心理學教授丹尼爾．高爾曼提出了「EQ」的概念，認為「EQ」是個體的重要的生存能力，是一種發掘情感潛能、運用情感能力影響生活各個層面和人生未來的關鍵的特質因素。高爾曼認為，在人成功的要素中，智力因素是重要的，但更為重要的是情感因素。

在社交活動中，會遇到各種各樣的情況，面對不同的情況，情緒會有很大的波動，不善於控制情緒，就會讓你在圈子交往中處處碰壁。不能控制情緒的人，給人的印象就是不成熟。

不說你也知道，只有小孩子才會說哭就哭，說笑就笑，說生氣就生氣，這種行為發生在小孩身上，大人會說是天真爛漫，但發生在成年人身上，人們就不免對這個人的人格發展感到懷疑了，就算不當你是神經病，至少也會認為你還沒長大。如果你還年輕，尚無多大關係，如果你已經過了三十歲，那麼別人會對你失去信心，因為別人除了認為你「還沒長大」之外，也會認為你沒有控制情緒的能力，這樣的人，一遇不順就哭，一不高興就生氣，這樣能做大事嗎？這樣誰還會與你交往處事？

生氣有很多壞處，第一是會在無意中傷害無辜的人，有誰願意無緣無故挨你的罵呢？而被罵的人有時是會反彈的；第二，大家看你常常生氣，為了怕無端挨罵，所以會和你保持距離，你和別人的關係在無形中就拉遠了；第三，偶爾生一下氣，別人會怕你，常常生氣別人就不在乎，反而會抱著「你看，又在生氣了」的看猴戲的心理，這有損你的形象；第四，生氣也會影響一個人的理性，會對事情做出錯誤的判斷和決定，而這也將會讓你失去正確處事的機會；第五，生氣對身心健康也不好。

所以，在圈裡圈外行走，控制情緒是很重要的一件事，你不必「喜怒不形於色」，讓人覺得你陰沉不可捉摸，但情緒的表現絕不可過度，尤其是哭和生氣。如果你是個不易控制這兩種情緒的人，不如在事情發生，引起了你的情緒時，趕快離開現場，等情緒過了再回來，如果沒有地方可暫時「躲避」，那就深呼吸，不要說話，這一招對克制生氣特別有效。一般來說，年紀越大，越能控制情緒，那麼你將在別人心目中呈現「沉穩、可信賴」的形象，這也是生活磨練的結果。

也有一種人能在必要的時候哭，必要的時候大笑和生氣，而且表現得恰到好處，這種人控制情緒已到了相當高的境界，你如果想提高自我控制情緒的能力，也是可以的。我們應該相信人的大腦完全有能力控制情緒，控制生活的。

第一，你有能力控制自己想些什麼，時時刻刻，每分每秒；

第二，你有能力創造出一個想像的前景和實現它們的正確途徑；

第三，你有能力去接近一個超出自我意識之外的資訊源泉；

第四，你有能力從你的生活中消除一切負面的思想和情緒；

第五，你有能力去扮演想成為的角色，也有能力去獲得想具備的能力和性格。

大腦的這五大奇蹟展現了一個最重要的事實：你自己創造你的現實。

學會完全主宰自己，控制自己的情緒，需要經過一個思考過程。這個思考過程是很難的。因為，在我們生活中有許多力量試圖破壞個人的特性，使你從孩童時候一直到成人都相信自己是無法克服的情緒。

無法克服這些情緒就只好接受它們。在這裡要強調的是：你必須相信自己能夠在一生中的任何時刻，按照自己選定的方式去認識事物，只有這樣，你才能做到主宰自己。

你可以進行獨立思考，或者說你可以控制自己的思想。你的情緒來自你的思考，那就可以說，你是能夠控制你的情緒的。這樣看來，你認為是某些人或事為你帶來悲傷、沮喪、憤怒、煩惱和憂慮，這種想法可能是不正確的。你完全可能改變自己的思想，選擇自己的感情，新的思考和情緒就可以隨之產生。一個健全和自由的人總是不斷學習用不同的方式處理問題，這樣才能使你學會主宰自己。

假如你是一個樂觀的人，那麼你就能夠找到控制自己情緒的方法，而且時時刻刻都能為值得去做的事而生活著，那麼你便是個聰明的人。能夠順利的解決問題，當然能為你的幸福增添光彩。如果你無法解決某個特別的問題時，樂觀的你仍充滿信心，其實你已將自己的情感穩操在手。能夠為自己的選擇感到幸福時，你的情緒一定是穩定且真實的。

能掌握自己情感的人是不會垮掉的，因為他們能夠主宰自己，控制自己的情緒。他們懂得如何在失意中尋找快樂，懂得如何對待生活中出現的任何問題。在這裡不說「解決」問題，因為聰明人不以解決問題的能力來衡量自己是否聰明，而是不受情緒的影響，理智的對待問題。

能掌握自己情感的人是不會垮掉的，因為他們能夠主宰自己，控制自己的情緒。他們懂得如何在失意中尋找快樂，如何在得意中保持平靜。相信他的人氣指數會越來越高。

修練寬容：相互理解才能得人脈

理解他人，才能讓自己更懂得寬容，才能真正的幫助他人，讓自己快樂。知己知彼，才能在圈子交往中如魚得水，化被動為主動，變不利為有利。

成功的人際關係作為一門真正的藝術是使別人的自我感覺良好。這涉及與自我有關的願望和需要的分享原理：當人們從你那裡感覺到他們的重要性時，他們才會更加喜愛他們自己；而只有當人們真正喜歡他們自己的時候，才會真誠的與你合作。設身處地來理解他人，是人際關係技巧中最重要的一點。做不到這一點，就很難與人相處。

在今天這個快節奏的社會裡，許多人認為，為了說服別人同意和採納他們的觀點，只要兩個簡單的步驟就足夠了：

第一個步驟，要使別人相信你提出的看法和方案是「正確的」；

第二個步驟，要向不同意你意見的人擺出一長串「事實」依據，並且不厭其煩的進行說教，竭盡全力堅持自己的立場。

如果運用這種「封閉而僵化」的思想來指導人際關係，只能導致人們思想上的衝突，導致無休止的爭論，使各方的態度更加僵硬，因為每個人心中都認為自己的看法才是正確的。這都是由於每個人都從各自的視角來觀察問題，理所當然覺得自己才是正確的，於是留給別人的，便只剩下兩種選擇——屈服於你，或者以同樣的方式回敬你，自然永遠不可能「雙贏」。

運用這種方法處理人際關係自然極少成功，這是不足為奇的，因為「一個違心屈服於你的人，其內心的看法依然固我」，所以，如果別人有自己成熟的看法和堅定的信念，而你不願加以考慮，那麼，不管你的意見多麼正確，也不管你有多少資料證明你有理，別人也不會立即跑過來擁抱你，向你表示贊成。

在現實生活中每個人都認為自己是正確的，至少認為自己所相信的東西是正確的。人們都希望自己的才智、意見、看法能得到他人的承認和讚賞。然而，極少有這種情況：某個人的看法和意見全都正確，而其他人的看法和意見完全錯誤。

透過上述的分析，我們不難發現，如果你總是認為自己是正確的，就永遠不會承認別人是正確的，除非你發現別人的觀點中有某些正確的成分。換句話說，除非人們主動去理解別人的立場和觀點，否則，人們便總是使自己的思想處於一種封閉狀態。與此相反，當你在某個問題的某些方面幫助別人把他們的看法和意見表達出來的時候，你也就是在某種程度上向別人敞開了你的心扉；而當你這樣做，並表現出真誠的態度時，別人也會在一定程度上敞開他們的心扉，也會去考慮你的主張中的可取之處。在這個過程中，雙方都可以從對方學到某些東西，做到互相了解、互相配合。

隨著時光一天天的流逝，你會看到，一些人總是用封閉的想法看周圍的人，去發現別人的缺點，並把這些向他人述說，力圖表現只有自己是百分百的正確，別人總是百分百的錯誤；而另外一些人則主動開放他們的思想，去發現每個人身上的優點。這種對立思想互動的結果，不可避免的使這個世界矛盾百出。然而，封閉自己的思想並很少尊重他人的人，很難有成功和幸福的前程，這是不言而喻的。要改變這種狀況，必須建立良好的人際關係。

正如羅伯特．韋斯特霍爾特所說：「沒有什麼比挑毛病更容易的了，因為開辦這種『發牢騷公司』不需要天才，不需要自我否定，不需要智慧，也不需要良好的品德。」如果你需要一個保持正向人生觀的格言的話，請讀讀下面的話：

讚美的言詞在人們中間總是受到歡迎，批評的言詞最好總是待在家裡。只有真誠的理解和合作，能帶領我們踏上成功的路途，最後我們來分析這種愛挑別人毛病的人的個性。這種人，如果拋開他們愛抱怨、多煩惱、偏愛嫉妒、牢騷滿腹這些缺點，就很容易找到他們還有什麼個性特點了。他們認為最重要的事是表現自己是正確的，而他們最擅長的則是貶低別人。不幸的是，他們錯了，因為這些恰恰是贏得別人的尊重和合作的最大障礙。

亨利．福特曾對成功的人際關係說過如下的話：「如果說有什麼成功祕訣的話，那就是要具備這樣一種能力：善於了解他人的觀點，從他人的角度同時也從你自己角度兩個方面觀察問題。」

你能設身處地的「從他人的角度同時也從自己的角度兩個方面觀察問題」，你就創造了一種相互尊重的氣氛；你表現出用合作的方式解決問題的誠意，也就創造出一個和諧的人際關係。

修練人緣：好人緣不愁沒圈子

每個人都希望自己在涉足的各種社交圈內處處受人歡迎，那就需要一個好的人緣。個人的人際圈子經營狀況，與你的「人緣」有著一定的關係，因此我們要想在圈子交往中能夠成為應酬的高手，就要提高自己的人緣指數，來增強自己的圈子交往能力。

怎樣才能夠贏得「好人緣」，應該借鑑以下方法：

(1)要有容人之量

四川成都新都寺內有一尊笑容可掬的彌勒佛。佛像旁有一副對聯：大肚能容，容天下難容之事；笑口常開，笑世間可笑之人。這副對聯很耐人尋味。

人生在世，不如意事常八九。人事糾葛，牽絲攀藤，盤根錯節。世態百味，甜酸苦辣，難以勝數。人際圈子中，有時發生矛盾，心存芥蒂，產生隔閡，個中情結，剪不斷，理還亂，當何以處之？

一種方法是「冤家路窄」，小肚雞腸，耿耿於懷；另一種方法則是冤仇宜解不宜結——「相逢一笑泯恩仇」。毫無疑問，後一種態度是值得稱道的。

(2)做人要厚道

在圈子交往時，不能待人苛刻，耍小心眼，「睚眥之怨必報」。別人有了成績，不能眼紅，不能嫉妒；別人有了不幸，不能幸災樂禍，落井下石，更不能替人「穿小鞋」。

(3)為人處世要有人情味

要關心人、愛護人、尊重人、理解人。人與人相處，應當減少「火藥味」，增加人情味。要有急公好義的火熱心腸。人都有三災六難，五勞七傷，你能在人家最困難的時候善解人意，急人所難，伸出友誼之手，替人家排憂解難，將是功德無量的大好事。

俗話說：「積財不如積德」。行善積德，能得高壽。舊時老城隍廟有一副對聯說得好：「做個好人，天知地鑑鬼神欽；行些善事，身正心安夢魂穩。」誠哉斯言！

(4)待人以誠

誠實是人的第一美德。在古代原始族群的部落裡，撒謊是要受到最嚴厲的懲罰的。在人際交往中，應該是真心誠意，忠厚老實，心口如一，不藏奸，不耍滑。不要在人生舞台上，披上盔甲，戴上面具去「演戲」；不能像王熙鳳那樣，「嘴甜心苦，兩面三刀，上頭笑著，腳下使絆子。明是一盆火，暗是一把刀，都占全了。」也不能像薛寶釵那樣「罕言寡語，人謂裝愚，安分隨時，自云守拙」，對人四面討好，八面玲瓏，城府很深，慣有心機。做人要坦誠，更要有一些俠骨柔腸，光明磊落，襟懷坦白，使人如沐春風，這樣才能有個好人緣。

(5)要多靠近「好人緣」

有時候你可能有過這樣的感覺，就是某某人在各種圈子裡很受歡迎，主管也喜歡他，同事也喜歡他，朋友也喜歡他，他很有人緣。而有些人則是很少有人喜歡他，而且他也不喜歡別人，他的朋友也不多，即人緣很差，像個邊緣人一樣。

一般而言，大家都比較喜歡人緣好的人。而一個人受到大家普遍喜愛的原因則是千差萬別的：或者是因為他誠實可信，值得信賴；或者是因為他沉穩老練，辦事踏實；或者是因為他知識豐富；或者因為他機警靈活，善處圈子裡的人際關係；甚至是因為他有權有勢有錢等等。總之，他有某一方面或者許多方面被大多數人認可或接受。

在你選擇朋友，建立自己的人際圈子時，最好以「人緣」來作為交朋結友的基本原則。以「人緣」來結交朋友，能夠把「人緣」吸收進你的人際圈子中，無形中就大大增強了你的人際圈子的能量。要是你的人際圈子全部都由「人緣」組成，那麼這個圈子的能量將是無比龐大的。

修練口才：圈子交往一定要會說話

人類用來溝通的工具或媒介，包括語言、文字、態度、表情和姿態。其中最普遍、最有效的工具為語言，它占所有溝通流量的百分之九十以上。良好的談吐可以增進人與人之間相互了解，可以把彼此間的歧見逐漸凝聚成為共同的意見。它代表一個人的精神、睿智和學識修養。更重要的是它能成長智慧，讓你更容易成功。

有位名叫亞諾·本奈的小說家曾說：「日常生活中大部分的摩擦衝突都起因於惱人的聲音、語調以及不良的談吐習慣。」此話說得頗有道理。只要我們細察生活於自己身邊的人就會發現，談吐的缺陷往往可能導致事業的不順，家庭不和乃至人際關係的緊張。

說話是一種智慧，也是一門藝術，很多人不把說話當回事，儘管他知道自己在說話上存在這樣那樣的缺陷，卻看不到說話的缺陷會直接影響到他的人際圈子，進而影響到他的事業、工作、生活，把說話當回事，它改變的將不僅僅是你的說話方式，同時也能改變你的整個圈子關係的狀況。

由此可見，說話對圈子的交往順暢是不容小覷了。那麼說話對圈子交往中主要展現在哪幾個方面呢？

首先，語言作為資訊的第一載體，其力量是無窮的。在社交場合，語言是最簡便、快捷、廉價的傳遞資訊手段。一個說話得體、有禮貌的人總是受歡迎的。相反，一個說話張狂無禮者總是受人鄙視的。

其次，說話隨著現代資訊社會的發展，要求也越來越高。快速發展的社會尤其講究速度和效率，於是要求人們彼此的說話應充分節約時間，簡明扼要，能一分鐘講完的話，就不應花到兩分鐘。同時高效率的要求也迫使說話者必須咬字清晰，並且要說得有條理，這也是社交活動中所必備的。

第三，資訊社會要求說話者還應學會「人機對話」，以適應高科技帶來的各行各業的高自動化的要求。在日本和美國，已有口語自動識別機，用來預訂火車票等。文字的機器翻譯若干年後將發展成為口語的機器翻譯，語音打字機等人工智慧的發展，更使得人們講究說話：說明白的話，不說似通非通的話；

說準確的話，不說含糊不清的話。

不重視說話的人難以適應時代的需求，這迫使人們突出重圍，走出家園，去廣交朋友，去認真說話，透過說話去創造效益、架設橋梁、增進友誼、創造理想的明天。講究說話可謂是人人所需也是人人必須的，誰把說話當小事，誰就必將在交際中處處碰壁。

修練禮節：進圈一定要懂禮貌

民間流傳過這樣的故事：

一個趕路的年輕人，遇到一位老年人時，脫口問道：「喂！到○○地還有多遠啊？」老年人回答說：「不遠了，還有兩三畝。」年輕人聽了感到很奇怪，便又問道：「喂，你們這個地方怎麼不論『里』，而論『畝』呢？」老年人生氣的說：「年輕人，要論『禮』，就該給你兩個耳光！」

故事中的年輕人，由於沒有掌握起碼的社會交往的禮規儀節，不懂得社會交往時何謂禮儀，因而導致交往受挫。這表示，約定俗成的社會交往應酬禮儀一經形成，就深深制約著一個人的社會行為，影響著社會交往的結果。

中華民族素來被稱為禮儀之邦，可見，在這樣的環境中生活的人是萬萬不能不講禮貌的。但是，在我們生活的周圍，不講禮貌的人已經越來越多了。

一個新生來到某大學報到，由於要到什麼地方填表，隨身的行李沒地方放，非常著急。這時，他忽然看到一位蹣跚獨行的老人，於是，招呼也不打就說：「幫我看著行李。」老人就這麼看著行李直到這個學生回來。沒想到他輕鬆拎起行李就走，連個「謝」字都沒對老人說。令他萬萬想不到的是，在開學典禮上，他又看到了這位老人，老人在台上看著莘莘學子，主持人介紹說，這就是本校的校長！這位新生感到非常吃驚，也為他的不禮貌而懊悔。

人際交往中，促使人與人之間相處圓滿的最好方法就是「禮」。它代表尊敬、尊重、親切、體諒等意義，同時也表現出個人修養。

一個年輕人在下雨天趕到一家公司面試，進門前，他盡力將雨傘上的水弄乾，又在門口的腳墊上仔細擦了擦腳底的泥水，進門後他把雨傘輕輕倚在門口的牆上，然後向面試官問好。經過半個多小時的問答後，年輕人起身告辭，並為自己在雨天來訪所帶來的麻煩表示道歉。這次招聘一共對七十幾人進行了面試，他們的條件都很不錯，有的有大企業工作經驗、有的有學校的推薦信，但最後錄取的卻是那位條件並不出眾、在雨天面試的年輕人。助手不解的問主管：「那個年輕人既缺少經驗，又沒有學校的推薦信，為什麼偏偏錄取他呢？」主管笑了：「誰說他沒有推薦信，他的禮貌就是最好的推薦信！」

禮貌是一種柔韌的智慧，這種平和和內斂表達著對別人的尊重，不會激起對方的反感，也就自然的為自己擴寬了很大的迴旋空間，這就是人際交往中必須遵守的規則，「有禮走遍天下，無禮寸步難行」。

從這個意義上講，沒有禮貌的人是舉步維艱的。

第四章 進入圈子，「圈」定成功

人的生存和發展也必須與人合作，進行互相幫助，互通有無，互換資源。當然，個人只有進入某個圈子，成為那個圈子流通中的一個環節，才能夠獲取圈子提供的機會、資訊、盟友、人脈，才能獲取成功。

進入圈子，握住成功

圈子為人們提供了這樣的可能：即讓你結識他人，也讓他人結識你，當彼此間的品行、才華、資訊得以了解的時候，圈子交往便開始了。圈子交往是機遇的催產術，只有著意開發圈子，才能捕捉發展機遇，成功的彼岸就離你不遠了！

「火花」收藏家呂春穆就是靠圈子成功的。他原是一所小學的美術教師。一天他在雜誌上看到一位老師利用收集到的火柴商標激發學生的學習興趣和創作靈感的報導，他決定收集火花（即火柴盒上的貼畫）。於是，他展開了廣泛的交際活動。他油印了兩百多封言詞中肯、情真意切的信件發到各地火柴廠家，不久就收到六七十家火柴廠的回信，並有了幾百枚各式各樣的精美的火花。

此後，他主動走出去以「花」為媒，以「花」會友。一次，他結識了在媒體業工作的一位「花友」。

這位熱心的花友一次就送給他二十幾套火花，還為他提供資訊，建議他向江蘇常州一位「花友」索購一本「花友」自編的《火花愛好者通訊錄》，由此他欣喜的結識了圈內一百多位未曾謀面的花友。他與各地「花友」交換收藏品，互通有無；他利用寒暑假，遍訪各地藏花已久的「花友」，還透過各種途徑與海外的集花愛好者建立起連結。就這樣，在廣泛交往中他得到了無窮無盡的樂趣和享受，為他的成功創造了機會。

他先後在報刊上發表了幾十篇有關火花知識的文章，還成為某報欄目的撰稿人。他的火花藏品得到了國際火花收藏界的承認，並躋身於國際性的火花收藏組織的行列。一九九一年，他的幾百枚火花精品參加了「中華百絕博覽會」……他以十四年的收藏歷史和二十萬枚的火花藏品，被譽為「火花大王」而名甲京城，獨領風騷。

很顯然，呂春穆的成功得益於他善於開拓人際圈子。他以「花」為媒，結識同行圈子的朋友，再透過他們認識更多同行圈子的朋友，以圈子套圈子一直把關係圈子套到了全球，可以說圈子使他走向了成功。

人的機遇的多少與其交際能力和交際活動範圍的大小幾乎是成正比的。因此，我們應把開展人脈圈子活動與捕捉機遇做連結，充分發揮自己的交際能力，不斷擴大自己的人脈圈子，開拓發展路子，提升成功的機率。

劉先生是一個圖書公司的大老闆，圖書界沒有不知道他的，他的成功可以說與他善於開拓圈子分不開的。正如他所說，他從來沒有把自己固定為哪一個圈子的人，他的交友範圍很廣，交際觸角延伸到很多圈子裡，「行銷圈」、「設計圈」、「媒體圈」、「出版圈」、「作家圈」、「編輯圈」。在這些眾多的圈子中，他都和大家配合得很有默契。劉先生很喜歡把不同圈裡的人請到自己家裡做客，大家坐在一起暢談，談論的話題很廣泛，涉及各個領域，對於自己不熟悉的領域，作為門外漢的他總是洗耳恭聽，向別人講述自己熟悉的領域，盡心盡力，從不以內行人自居，說得不對的地方，也會虛心聽取他人意見。這種優勢互補、互通有無的方式，大大成長了他的見識，整合了各個圈子裡的智慧。為他的公司的發展壯大奠定了基礎。

一個人的發展千萬不能為自己設限，那樣只能束縛住自己，現代的社會是一個多元化的社會，單一的力量是不足以成事的，要知道，強大的競爭力來自於各種力量的凝聚。只有走出自己的圈子，進入更多的圈子，把這一個個圈子連接起來，成為一個碩大的人脈圈子，那麼你的事業就會如魚得水，想不成功都難。

圈子對了，事就成了

最欣賞的一句話，「圈子要是選不對，再多努力也白費！」真的是太貼切了。其實對於每個人而言，圈子就是生活、就是人生、就是世界，你處在什麼樣的圈子裡，你就有著什麼樣的生活、什麼樣的人生和什麼樣的世界。所以說圈子對了，你的人生就精彩，圈子錯了，你的人生就晦暗。

圈子對了，事就成了。人的一生就是在不斷的鑽圈子、找圈子、造圈子、拉圈子、跳圈子。重要的不在於你懂得什麼，而在於你認識誰。

一九九六年夏天，張俊以把冰心、臧克家、賀敬之、李煥之四位名人為他題寫的珍貴題詞公開發表在一本《東方明星》文藝月刊上，一時間張俊以聲名鵲起，不難看出，這就是名人效應的生動展現。

從小愛好文學的張俊以，為了能在文學領域拓展一片天空，決心親自拜訪那些渴望多年的文藝界老前輩，想透過廣泛結交名人和名流在文學界讓自己站穩腳跟。

剛來到北京，張俊以最想求見的人，就是著名女作家冰心。透過朋友的介紹以及自己的不懈努力後，他終於見到了仰慕已久的冰心。

冰心和張俊以雖然只是第一次見面，但她很快就喜歡上了這位年輕人，特別是當她聽到張俊以一字不差的背誦起她從前寫過的童謠和兒歌時，冰心老人情不自禁的激動起來。那天，冰心老人顯然很高興，她居然親筆替張俊以題詞。

此後，張俊以又拜訪了臧克家、賀敬之、李煥之，並分別得到親筆贈言。聰明的張俊以不僅喜歡到處結交這些名人，重要的是他善於「炒作」。他把這些名人為他寫的題字，甚至是隻言片語也當成珍貴的墨寶，然後加以宣傳。從此開啟了張俊以走上成名之路的大門。

一個小人物和一位偉人哪怕只是握握手，就能使自己的身價驟然倍增。這就是名人效應。其實，攀高枝的想法大部分人都有，誰不希望跟聲名顯赫的人做朋友？如果能躋身於他們的行列，自己也沾上了榮耀，這是多少人夢寐以求的。

由於名人是人們心目中的偶像，所以常常有著一呼百應的作用。所以，在拓展人脈的過程中，要善於借助名人的效應來提高自己的威望。即便你並不認識那些名人，只要你能想辦法站在他們的光環之下，並適當宣傳、加以利用，就能達到誇大自己的效果。

那麼，如何利用名人效應呢？或者說，在利用名人得到聲望之前，我們應該做些什麼呢？

(1)要與有影響力的人當朋友。對於一般人來說，應該隨時留心周圍人的品格、能力及其影響力，要用真心去交朋友。要盯得準，看準誰有能力幫助你。

(2)努力求得朋友的幫助。朋友能否幫你的忙，還看你平時表現如何。這就要求你與人交往時，目光要放遠些，不因小利而不為，亦不因利大而為之。這樣看來，借力的工夫完全包含在平時的為人處世之道中。

(3)借助一些有權力的人，或一些知名度較高的人的力量。因為這些權威人物都有一定的威懾力量。對方看你有「後台」也會願意與你合作。

有很多人並不是不會借力，而是難為情而不願意求人，總覺得這樣做有失體面。其實，這些想法都是不必要存在的。什麼時候也別忘了，借力使力不費力。

進入優秀圈子，你就會變成優秀的人

偉大的人物才有偉大的友人，優秀的人才有優秀的朋友，這個道理適用於任何一個領域。也就是說，如果你想成為一個睿智的人，就去接近有才學的人，和他們成為朋友；如果你想成為一個富有的人，就去接近富商巨賈，和他們成為朋友。

古語說：「近朱者赤，近墨者黑。」這句話說的就是身邊的人對你影響甚大。所以我們應該深信「近強則強」的道理，努力讓自己站到優秀的人圈子中，主動去結交優秀的朋友，終有一日，自己也會變得像他們一樣優秀。

結交一流人物能讓自己更強，經常與有價值的人保持來往，多會見成功立業的前輩，多與比自己優秀的人一起行動，同時迴避沒有價值的人際圈子，這樣不僅能轉換一個人的機運，還會為你拓展人脈打通一條管道。

任經海，現在是研究所一年級的學生。他是一個鄉下出身的大學生，所以他一直覺得自己和都市裡的孩子有差距，也就是缺乏自信。但同時，任經海也知道，對於一個剛剛走入研究領域的學生來說，很需要這樣一種信心去認識到自己有潛力，做出真正有影響力的工作。

為了能讓自己更出色，他決定要透過與那些自己認為更優秀的人的接觸，來提升自己的自信心，同時讓自己變得和他們一樣的優秀。就這樣，任經海報名參加了微軟亞洲研究院的訪問學生。

初到那裡，任經海就感覺到和優秀的人一起思考和討論問題是一種享受。他會時刻感覺到思維的衝擊和碰撞，這個過程迫使他更快的察覺問題；同時也讓任經海認識到自我思維的潛力。因為即使再卓越的人也有無法想到的地方，而自己也有過超越他們想法和做法的可能。一期的學習生活結束之後，任經海不僅找到了自信，並且也成為了優秀的人。

站到優秀的人群中去，可以把注意力放在比自己先成功一步的朋友身上。這樣，你既有結交的機會，也容易領略到對方的內涵。不僅提高你的學問，對你的人生選擇也有益。

阻礙我們成功的最大障礙，其實就存在於我們自己心中，自己戰勝自己往往是人生中最持久最難決勝負的艱苦戰役。但如果你擁有許多比自己優秀的朋友，在這場看不見摸不著的戰役中，很可能輕易取勝，因為他們會告訴你取勝的訣竅和方法——成功者的方法。

為此我們毋須過多的懷疑憂慮，在人的一生中，該模仿的時候就應該模仿，如果什麼都靠我們自己去研究、領悟和發現，那麼我們一定會變得落伍且呆板。所以，我們要欣然的與比自己優秀的人站在一起。

生活在美國西部一個小鎮上的喬治，他是一家鐵道電信事務所的新雇員。他在十五歲時便被錄取，而因為他的獨樹一幟，十八歲時他當了管理所所長。後來，先是在西部合同電信公司，接著成為紐澤西州鐵路局局長。當他的兒子開始上學讀書時，喬治給兒子的忠告是：「在學校要和結交比自己優秀的人物，有能力的人不管做什麼都會成功……」

不少人總是樂於與比自己差的人交際，因為藉此能產生優越感。可是從不如自己的人當中，顯然是學不到什麼的。你所交往的人會改變你的生活。與憤世嫉俗的人為伍，他們就會使你沉淪。和樂觀的人為伴，能讓我們看到更多的人生希望。而結交比自己優秀的朋友，則能促使我們更加成功。

那麼如何才能結交優秀的人呢？首先將著名人士列出一張表，再把將會對你的事業有所幫助的人，也列出一張表，之後就是每星期試著去結交一位這樣的人。這樣，不久後你就會驚訝的發現，你的人生會有所改變。

哲人說：「讀萬卷書，不如行萬里路，行萬里路不如閱人無數，閱人無數不如與優秀的人舉箸。」與優秀的人為伍，不僅能在關鍵時刻得一臂之力，更重要的是能學到好多知識，在交往中你的能力不知不覺得到了提升。

用圈子增強自身的實力

一個人的能力再強，也是一個有限值，在短時間內不可能突破它的最高點。要想讓自己的能力得到無限的發揮，無疑就要借助他人的力量。如果這股外力用得好，將會大大增強你的能力。

兩千年前，中國思想家荀子在〈勸學〉中說過這樣一段話：「登高而招，臂非加長也，而見者遠；順風而呼，聲非加急也，而聞者彰。假輿馬者，非立足也，而至千里；假舟楫也，非能水也，而絕江河。君子生非異也，善假於物也。」春秋戰國時期，一些王公貴族為了增強自身實力，實現自己稱霸的野心，於是他們競相養士。一時間，養士成風，出現了以養士出名的四大公子：信陵君、春申君、孟嘗君、平原君。他們每個人手下的門客都達到了數千人，憑藉著這些門客的力量，他們取得很高的社會地位。

這一切無不說明了，借助他人的力量延伸自己的能力，這條規則自古以來就得到了人們的廣泛認可。劉伯溫在〈說虎〉中曾這樣說：「與自用而不用人者，皆虎類也。」意在諷刺那些只是用自己的力量而不善於用別人力量的人，如同老虎一樣頭腦簡單，最終會被人打敗。

一個人能成多大的事，能有多大成功，很大程度上不在於他有多大能耐，有多淵博的知識，其實說白了就在於他能否借力，會不會巧妙整合人脈資源，能夠讓人脈開枝散葉，無限延伸，你想成事，哪有不成之理？

在三國故事中，劉備死後，由諸葛亮執政，他十分注意物色後起之秀，並加以培養和大力提拔。他選拔人才不僅重視才幹，也極重視德行，如他在〈前出師表〉裡推薦董允等人時，特別強調他們「為人良實，志慮忠純」，並告誡後主劉禪要「親賢臣，遠小人」。

古人所謂的「賢臣」，一般是指德行高尚、有濟世之才的人脈圈子。諸葛亮認為「治國之道，務在舉賢」，又說：「夫失賢而不危，得賢而不安，未之有也。為人擇官則亂，為官擇人則治，是以聘求賢士。」

諸葛亮把擇賢作為其重要的職責，把德才作為其選拔人才的準則。他培養和提拔的後繼者董允和姜維等都是德才兼備之士，為時人所推崇。

不論從事何種行業，「老馬帶路」向來是一種傳統。目的不外乎是想獎掖後進、儲備接力人才。這些例子在各行各界無所不在。

每個人的身上，都有著走向成功的條件，而如何使這些條件發揮出來，卻由你身邊無數優秀的人所控制。你接受了他們的幫助，就好比一粒種子投入到一塊適合自己生長的土壤，充分得到土壤的滋養。從這個意義上講，你的命運操縱在貴人的手中。

「漢三傑」之一的韓信是一名難得的將才。他之所以能夠馳騁沙場、建功立業，是因為得到了蕭何的幫助。

漢相蕭何非常賞識韓信，並多次向漢王劉邦舉薦他。但劉邦看不起韓信，不想重用他。韓信由於內心受到了強烈的打擊，趁夜離開劉邦，投奔別處。

蕭何得知韓信逃走，來不及報告劉邦，便親自快馬加鞭的追趕。但是有人不知詳情，向劉邦報告蕭何逃跑。

劉邦大驚失色，因為蕭何是他的得力助手。連找幾天始終不見人影，急得劉邦坐臥不寧。正要打算另派精幹人員去追尋時，有人報告：蕭丞相回來了。

蕭、劉二人見了面，劉邦問道：「你怎麼背著我逃走了呢？」

蕭何說：「不是我逃跑，而是追趕逃走的人。」

「你追哪一個？」劉邦問道。

「追韓信。」蕭何回答說。

劉邦罵道：「逃跑的將軍有數十人，你卻偏偏去追韓信，該不是拿這話騙我吧！」

蕭何說：「其他將軍極容易求得，而像韓信這樣傑出的人才，卻是獨一無二的。大王如果只想在漢中長期做王，那自然用不著韓信這種奇才；但是如果您決心奪取天下，我想除了韓信以外，就再也找不到能與您共商大事的人了，現在就請您做出最後決斷。」

劉邦嘆息道：「我怎會不想向東發展，誰願長期守在這裡。」

蕭何又說：「如果大王決定向東發展，就要重用韓信。您能重用韓信，他就會留下；否則，他最終還是會離開的。」

劉邦說：「那我就看在你的面子上，任命他為將軍。」

蕭何說：「僅讓他做將軍，是留不住他的。」

劉邦說：「那讓他做大將軍如何？」

蕭何說：「這就留得住他了！」

於是，漢王劉邦欲傳喚韓信予以任命。

蕭何勸阻道：「大王向來傲慢待人，不講禮節。現在任命一員大將軍，也如同呼喚小孩一般，這就是韓信要離開您的原因。如果大王是真心任用他，就要選一個吉日，親自齋戒，建一個拜將台，舉行隆重的拜將大典才行。」劉邦最終應允了。

將領得知漢王欲任命大將軍，皆大歡喜。人人都以為自己將榮升大將軍。誰知等到任命大將軍時，此大將軍竟是韓信，全軍均感到驚訝。

經過蕭何的極力推薦，韓信才得到劉邦的重用，得以顯示他的才華。

劉邦能成就霸業，與這些功臣大將是分不開的。

一個人背後往往都有一個圈子，選擇什麼樣的人、什麼樣的圈子就有什麼樣的人生。現代社會中人與人之間相互協助，互相扶持，共創偉業的事已經不是什麼新鮮事了，但絕對是非常重要的一件事。人脈圈子就像是一張無形的網，交織著人與人之間的財富、事業與夢想。可以說，圈子就是扼住命運的那雙手！

有圈子也要會用

由於你交際廣，也由於你人緣好，你締造了許多各行各業的圈子，但你必須能充分利用它、調動它，讓它為你服務，圈子效應才能發揮出來。

生活中，很多人雖然人緣不錯，也擁有自己的圈子，但真正需要幫助時，他們卻不知道該怎樣利用它，結果失去很多辦事的機會。

小李是一名老師，自結婚後一直與妻子兩地分居，現在妻子要生小孩，為了能聚在一起互相照顧，他準備要調職，然而調職談何容易，小李煩惱了。他找到學校的體育教師趙某，跟他商量辦法。趙某陪他喝了頓悶酒，然而終究幫不上任何忙，他又去找某公司當會計的好友孫某商量，但孫某也只能安慰他幾句，仍然幫不了他任何忙，急得小李直跳腳。「人緣好有什麼用，關鍵時刻，一個也幫不上忙！」這樣拖了一段時間後，小李靈機一動直接找校長，他認為校長是主要辦事人能幫他一把，但校長雖然理解他的處境，卻也愛莫能助。就在小李失望的時候，他突然想起了他的一個大學同學的父親是市衛生局局長，小李當機立斷與那個大學同學聯絡了一下，說明自己的困難。同學告訴他盡量幫他辦，讓他放心。結果沒幾天，同學打來了電話，通知他的工作調職成功！

小李有不錯的關係圈子，但他卻不知道怎樣有效的利用它，結果繞了一大圈，浪費了很多時間，如果不是想起了大學同學，他調職的事很可能就沒希望了。

生活中很多人也是如此，他們平時也很有人緣，有著不錯的人脈圈子，但當遇到困難時，卻常常手忙腳亂，不知道求助於誰，這實在是一件很可惜的事。

為了讓你的圈子能充分發揮作用，你應平時調整好自己的人脈圈子。以下幾條可做參考：

①列出一張人名表，把這些人按其所從事的工作分類；

②時時和他們保持聯絡，對他們的近況瞭若指掌；

③遇到困難時，要讓盡可能多的朋友知道你需要幫助；

④冷靜的從人名表上找出可能會對你有幫助的人，也許他們不可能直接幫你解決問題，但他們總會透過這樣或那樣的途徑對你有所幫助。

圈子可以幫你辦許多的事，但前提是你必須掌握好利用圈子的方法。一旦你掌握了這種方法，就可以解決許多生活中的困難，也可以得到許多發展的機會。

加入圈子，就是選擇一種生活方式

圈子作為現代人的一種生活方式，一個人可能同時存在幾個圈子之中，但對大多數人來說，加入圈子的最終目的，往往是為了選擇一種生活方式。

一、工作圈

工作圈子中的人大都從事一份相同的事業，以工作為主要目的聚集起來，方便圈子裡的人在有工作需求的時候更容易找到自己需要的人。對於資訊要求比較高的行業，工作圈子所發揮的作用更大——從中不僅可以了解行業動態、累積行業經驗，甚至可以發現競爭對手的情況。某種程度上講，工作圈子實際上節省了很大的成本。

譬如，從事IT工作的人組成的圈子，「工種」比較分明，無外乎就是四類菁英：廠商、管道、媒體、公關。而在很多其他行業的工作圈中，人們彼此之間的關係也基本上都可以用「共生共存」來形容。所以，EMBA的學費水漲船高，求學者往往不重視「老師」是誰，而更關心究竟有哪些「學生」，其中的意義不能不說是為了累積人脈而已。

二、好友圈

如果說工作圈更側重人們生活中物質部分的豐富，那麼好友圈則更側重滿足人們的精神層次。這樣的圈子雖然相對比較鬆散，但往往更加有默契，穩定度更強。

工作圈裡的不少人私下也是非常要好的朋友，但這裡要說的「好友圈」則排除更多的利益關係，而更側重於心靈的撫慰。還記得《慾望城市》裡那四個單身女性嗎？雖然她們有著不同的職業、不同的性格、不同的愛好，但她們仍然是最好的朋友，是即便在深夜感到寂寞、傷心時都可以一呼而至的朋友。她們也會一起相約去酒吧到半夜，在微醺的時候傾訴內心深處的祕密，或是一起回憶難忘的童年記憶……

李欣現在升為一家公司的公關部經理，每天的主要工作就是和客戶打交道。儘管繁忙，她還是不時的與幾個要好的大學同學聚會，而且雷打不動。對她來說，雖然離開學校後，她和同學的職業各不相同，成就也有高有低，但「朋友就是朋友」。這種更純粹的朋友關係，讓她能夠得到更充分的放鬆。在這裡，她不用考慮太複雜的人際關係，不用考慮利害衝突，不必聊與工作有關的事情。在好友圈裡，大家的取向很明確，放鬆身心。

三、另類圈

物以類聚人以群分，人往高處走水往低處流。「合法太太或商界成功女士；個人資產在新臺幣五千萬元以上或公司資產在新臺幣二十五萬元以上；入會費一人一年五十萬元，當年年初一次性支付……」這是一個「富太太」圈的入圈門檻。據說，加入這個圈子後能享受到的服務用奢華都不足以形容。

雖然很少被擺上台面，但各類型的「太太圈」卻是真實存在著。由於傳統觀念，以及女性對家庭的歸屬感，家庭主婦成為一部分女性主動或者非自願的選擇。在物質生活得到保障後，精神生活就容易顯得空白。而彼此生活環境相近，讓這些太太之間更容易產生共同語言，正因如此，這些太太往往更喜歡與自己地位相近的人來往。一方面，所謂「樹大招風」，對於生活條件寬裕的富太太，「私密性」是她們對圈子最主要的要求；另一方面，彼此相近的消費層次也是一個因素。

其實人們並不一定把目光僅限於「太太」，有很多類似的私人會所都在用金錢和地位劃分著圈子。這是一個以奢華和炫耀為主調的圈子類型。就像很多白領會存一年的薪水買一個LV的皮包一樣，有不少人會把加入到「某個圈子」，作為自己身分地位的象徵。

圈子的種類多種多樣。商界不同地域的人有自己的「同鄉圈」；演藝界不同的學校有自己的「校友圈」……出於自我保護的需要，人們不斷組成圈子，也不斷選擇圈子，營造適合自己的圈子，在圈子裡尋找自己的寄託。但圈子不是一個很穩固的社會群落，它是很脆弱的，因為它的組成分子之間的連結是很鬆散的。人們可以去尋找滿足自己期望的圈子，但切記不要畫地為牢，把自己圈進死角。

圈子越大越多，做事越順利

人是一種圈子動物，每個人都有自己的人際圈子。大家的區別在於：有的人圈子小，有的人圈子大；有的人圈子能量高，有的人圈子能力低；有的人會經營圈子，有的人不會經營圈子；有的人依靠圈子左右逢源、飛黃騰達，有的人脫離圈子，自由瀟灑……

關係就是一張無形的圈子，成就事業的前提就是要有一個廣的圈子。在社會中，人們的資訊管道成千上萬條，因而構成一張無形的圈子。

生活在社會中的人們都有自己的關係圈子，其中的資訊傳遞方式與人腦內部的資訊傳遞十分相似。

腦部的甲點受到外界刺激會產生信號，傳至乙點而引發某種想法。但如果僅僅依靠「甲——乙」這一條路線傳遞資訊，一旦這條線路因某種原因被阻斷，資訊傳遞就不再繼續。這樣的資訊鏈必定十分的脆弱。因此，在大腦中，兩點之間的資訊通路有成千上萬條。

當你迫切需要一份新工作、一棟新房子、一份有潛力的投資建議或提升你的專業技能時，你可以去找專業人士諮詢，並且為此付出金錢。但是，如果你擁有一個完好的關係圈子，你完全可以不必去花這份「冤枉」錢，你所需要的一切建議都可以從關係圈子中免費獲得，並且是最快速、最安全、最可靠的。

百萬富翁之所以成為百萬富翁，也與他們不斷的開發圈子有關。《行銷致富》的作者美國喬治亞州立大學的史坦利教授對此進行研究後說：「答案是一本厚厚的名片簿。尤為重要的是，他們廣結關係的能力，這便是他們成功的原因。」

百萬富翁不僅知道有哪些資源蘊藏在他們厚厚的名片簿裡，更願意把這些資源與其他百萬富翁分享。想成就事業，就要有廣泛的關係圈子。假如你已深刻的「感受」到了這一點，便要用極大的行動力去「執行」！關係圈子背後的意義，實際上比一般人所能想到的還要深遠。

魏斯能在採訪了兩百八十位企業總裁後寫《不上，則下》一書時說：「那些企業總裁們，非常致力於發展『雙贏』關係的基礎。他們每個人都有如何步步高升到金字塔頂端的精彩故事，而大多數人把他們的成功歸功於身旁人的提拔。」

美國作家柯達則認為：「人際網路非一日所成，它是數十年來累積的成果。你如果到了四十歲還沒有建立起應有的人際關係，麻煩可就大了。」

眾所周知，在美國前總統柯林頓成功競選的過程中，他擁有高知名度的朋友扮演著舉足輕重的角色。這些朋友包括他小時候在熱泉市的玩伴，年輕時在喬治城大學與耶魯法學院的同學，以及當學者時的舊識等。當演說家羅安數年前應邀在阿肯色州熱泉市為旅遊業年會演講時，他深刻體會到這些人對柯林頓總統的支持。

一個人的力量往往是非常有限的，很多問題往往不是一個人能夠獨自解決的。當問題因無法解決而陷入僵局時，你就必須得去請教能為你指點迷津的人，請求他們的幫助，給予你合理的建議，以便順利解決問題。

美國石油大亨洛克斐勒在總結自己的成功經驗時曾經表示：「與太陽下所有能力相比，我更關注與人交往的能力。」正是洛克斐勒的這種超卓的關係網絡成就了他輝煌的事業。

究竟誰會對你伸出援手呢？哪裡會有這樣的人呢？

這個人就在你的身邊，是你平日所交往人群中的一位。他可能是你工作上的夥伴，可能是你在學校裡的同學，甚至有可能是一位你從未謀面的陌生人……任何一個人都有可能成為對你施予援手的「貴人」。這所有的前提是，你一定要打造好廣泛的關係圈子。

進入圈子，互惠互利

所謂圈子，即有相同愛好、興趣或者為了某個特定目的而相處在一起的族群，實際上就是物以類聚，人以群分。社會體制的差別以及語言、性格、生活習慣上的不同，造就身在海外的華人群體形成了一個個特殊的圈子。比如，在日本，各種華人社會的「團體圈子」雨後春筍般拔地而起，如〇〇大學日本校友會、〇〇師協會等等，反正不需要政府批准，只要名號叫得響亮就行。

對在日華人、特別是剛來日本的華人而言，為了緩解自身心理壓力，出於自我保護的需求，自覺或不自覺的形成了一個個的圈子。即使這個圈子很小，只是偶爾聚在一起喝喝酒、聊聊天，也可以幫助個人達成心理上的調節。一批又一批新華人在熟悉的圈子裡，在新社交的旗幟下，漸漸張開了各自的觸角。

從社會學意義上來說，「圈子」就是「社群」、「部落」、「團體」。在日華人圈子形成和發展的意義就在於互通有無、資訊共用、多邊共贏。這是一個資訊時代，掌握資訊的數量和品質，是取得商業成功的致勝關鍵。久居日本的華人隨著生活閱歷的累積，圈子成為幫助他們走向成功的工具。而有的圈子卻成為一些人獲取個人利益的工具。

張蘭到日本留學，那一年日本剛剛對自費留學生放寬了門檻，如果家裡有充裕的經濟條件，有合理的留學理由都可辦理來日留學，不必像以前一樣「必須在日本有保證人」。他所就讀那所語言學校多是韓國人，同期僅有三個臺灣人還都忙於打工。身在異鄉又初來乍到，還沒找到工作的張蘭，人生中第一次體驗到沒有圈子的日子是多麼沮喪。那時只上半天課，每到下午自己就感到失魂落魄，偶爾在電車裡聽到有臺灣人說話，就好像遇到了自家親戚。

幾個月後，一次偶然的機會，張蘭認識了一位同鄉，在同鄉的介紹下又找到了一份打工。在上學、打工的閒暇之餘，他還能和同鄉聊天，自那以後他對日本的生活才有幾分安全感，也是從那時起，他切實體會到：生活離不開圈子。透過圈子至少能達成三個目的：消息的獲得，利益的互化，精神的滿足。

他說：「直到現在，我還是需要圈子的，我需要圈子的氛圍，否則我會覺得很孤獨，沒有認同感。圈子對個人的心理調節作用是非常重要的，不需要圈子的人，除非他覺得自己很厲害，不需要群體心理上的互相支持和安慰。」

美國石油大王洛克斐勒說：「我願意付出比天底下得到其他本領更大的代價來獲取與人相處的本領。」可見，很多成功人士對於人際關係都是非常看重的，他們普遍認為：成功是靠關係煉成的。

如果你想在某一領域取得成功且少走彎路的話，最便捷的途徑就是去結識該領域的人，盡快成為他們的朋友。讓他們成為你前進的引導者或支持者，這樣，在成功的路上，你就不會是一個人秉燭夜行，而是眾人拾柴，前方當然就是一片光明了。

幾年前，小月經營一家服裝店，生意很好，也賺了不少錢。但是隨著小鎮上做服裝的人越來越多，生意難做之時，小月馬上停止了服裝銷售，轉而經營花店，雖然開張還沒有多久，每天上門的顧客就已經源源不斷了。這讓很多人羨慕，覺得小月天生就是做生意的料。

在和朋友的一次閒談中，小月道出了自己經營的撇步：「我並不比別人高明多少，只是注重交朋友罷了。在服裝生意有下降的跡象出現後，我就有了開花店的想法，但是當時接觸的朋友大多是做服裝的，要想開好花店，還必須認識一大批經營鮮花生意的朋友。有了他們的幫助，我的生意才可能成功。於是，我開始有意的去接觸這些朋友，他們知道我的想法後，給了我很大的支持和幫助。沒有他們，我的生意怎麼會做得如此順利。」

也許有人以為自己能力很強，單憑自己一個人的力量去完成某件事情已經是綽綽有餘，何必還要拉上別人呢？那也未必，人是生活在社會中，不管你是有意還是無意，你做的每件事情必然會影響到別人，如果你只注重提高自己的能力，忽視了別人，你的成功或許會因各種阻力而半路夭折。

有人說，人脈的重要性怎麼強調都不過分。有人說，人脈是一張通往成功之門的門票。有人說，人脈是一張神通廣大的網。還有人說人脈是改變你命運的手。總而言之，人脈的作用已經被人們提升到了一個無以復加的高度。當今是一個人脈的社會，一個人要想成功，不在於他有多高深的學問，懂多少大道理，更重要的是他認識多少對自己有幫助的人。

打破圈子，走向成功

每個人來到這個世界，都生活在一個與生俱來的圈子裡。這個與生俱來的圈子是由每個人的父母、家族決定的。一個人面對這個與生俱來的圈子，從理論上講，只有兩種態度：一是保持這個與生俱來的圈子，二是不斷打破與生俱來的圈子。

劉邦的父親太公是第一種人的代表。高祖六年，劉邦稱帝後，在太公家臣的啟發下，封太公為太上皇，太上皇自然住進了皇宮。據《西京雜記》記載：太上皇移居到長安後，住在深宮裡，天天悶悶不樂。劉邦很奇怪，左右打聽之下，原來太上皇自幼所喜歡的是和一些屠戶、商販在一起，賣酒、賣餅，鬥雞、踢球（蹴鞠），一生以此為樂。現在搬到這裡，所有愛好都消失了，所以很不開心。劉邦一聽，好辦，把老家搬過來！於是，劉邦仿照沛縣豐邑造了一座新城，並將老家豐邑太公的故交全遷過來。太上皇一看，樂了！這座新城後來改名新豐。新豐城修建時，完全按照原沛縣豐邑的老樣子，街道、房屋，一切照舊。男女老幼，齊聚新豐，每個人一看都知道自己的房子在哪裡。街上到處跑的狗、羊、雞、鴨也都能認出自己的家。

劉邦的一生都在不斷拓展他的圈子。這個新圈子，打下了劉姓江山，當上了西漢帝國的開國皇帝。走太公之路，還是走劉邦之路，其實是一個人自己的選擇。沒有任何人可以強迫一個人接受某種選擇。但是，圈子的擴大、更新，是一個人不斷嘗試一種新生活的必然結果。有了新圈子不一定要拋棄舊圈子，但是，沒有新圈子，可能就不會有更豐富多彩的人生。換言之，追求事業的成功大多要不斷更換圈子，圈子有大小之分，有雅俗之別。但是，不論大小、雅俗，是圈子，進入都有門檻。通行證的一半在自己手中，另一半在圈子人手中；只有這兩個半證完美契合，你才能進入。

因此，進入一個新的圈子在很大程度上並不是你個人的意願如何，更重要的還要看你要進入的這個圈子是否接受你，承認你。如果得不到圈子中多數人的認可，就不可能進入一個新的圈子。接受與承認的標準千差萬別，但有一點可以確定，標準有兩個：一是事功，就是你的成就；二是為人，你的為人是否得到這個圈子中多數人的認可。

對自己嚮往的圈子，也不要急於往裡進，因為你還未達到進入一個新圈子的門檻。水到渠成，花熟蒂落，功到自然成，春來花自開。當你具備了一切條件之時，這個圈子會自動接納你，歡迎你。此時，進入一個圈子的時機才真正成熟。

陳平剛剛從項羽集團「跳槽」到劉邦集團時，劉邦十分欣賞陳平，任命他為都尉。但是，劉邦集團中以絳侯周勃、潁陰侯灌嬰為首的功臣派不接受陳平，他們在劉邦面前詆毀陳平「盜嫂受金」，劉邦差一點因此而拋棄陳平。但是，陳平靠自己的辯解，靠自己的智謀，靠劉邦的信任，度過了這段最為黑暗的日子，成為功臣派的重要成員，最終為功臣派所接受。

進入一個自己滿意的圈子也不一定能一輩子待在這個圈子裡。因為，這個圈子裡的人會永遠承認你嗎？一旦觸犯了某些規則，比如為人上的虧欠，比如做事上的低俗，圈子裡的人就已經將你踢出去了。即使你名義上還保留在這個圈子裡，但是，實際上已經出圈了。所以，世界上只要有人入圈，就一定有人出圈。出圈可以自己決定，有時自己也作不了主。到了整個圈子都要驅逐一個人出圈之時，你還能待在圈子裡嗎？

第五章 打造四通八達的圈子，要有「手腕」

打通圈子需要內外兼修，一方面要提高自身的修養，不斷增加自己被利用的價值；另一方面，要主動出擊，以正向的心態與人交往，不斷提升自己的人氣，另外別忘了，還要講點「心機」，用點「手腕」。

開發圈子是一種大智慧

圈子學是關於人與人之間交往的學問，圈子是人們的一筆無形資產，圈子越多，可開發利用的社會資源越多，獲得的成功機會也就越多。

一般來講，一個人的人脈圈子對其生活、工作的內容及品質有一定的影響。對於現代人來說，不斷擴大自己的人脈圈是增強現代意識、提高自身競爭能力、開拓事業的一個重要手段。

能夠發現自己和別人的才能，並能為我所用的人，就等於找到了成功的力量。聰明的人善於從別人的身上吸取智慧的營養補充自己，從別人那裡借用智慧，比從別人那裡獲得金錢更為划算。

《聖經》裡有這樣一個故事：

當摩西帶領以色列子孫前往上帝許諾給他們的領地時，他的岳父傑塞羅發現摩西的工作實在繁多，如果他一直這樣工作下去的話，人們很快就會吃苦頭了。於是傑塞羅想方設法幫助摩西解決了問題。他告訴摩西將這群人分成幾組，每組一千人，然後再將每組分成十個小組，每小組一百人，再將一百人分成兩組，每組各五十人。最後，再將五十人分成五組，每組各十人。然後傑塞羅又教導摩西，要他讓每一組選出一位首領，而且這位首領必須負責解決本組成員所遇到的任何問題。摩西接受了建議，並吩咐那些負責一千人的首領，只有他們才能將那些無法解決的問題告訴給他。

自從摩西聽從了傑塞羅的建議後，他就有足夠的時間來處理那些真正重要的問題，而這些問題大多只有他才能解決。簡單來說，傑塞羅教導摩西如何領導和支配他人的藝術，運用這個方法，調動集體的智慧。

從以上的故事中我們懂得一個道理：一個人只要得到其他人的幫助，就可以做成更多的事情。讀過三國的人都知道，三國時期的劉備文才不如諸葛亮，武功不如關羽、張飛、趙雲，但他有一種別人不及的優點，那就是懂得資源的整合能力和組織能力，劉備的成功與他能夠吸引這些優秀的人才為己所用分不開的。

實踐證明，一個人的成功與他的人脈圈子有直接的關係，也就是說一個人的成功不是他有多大的能力，有多高的學歷，關鍵是他能調動人、組織人，也就是他的自身交際能力的強弱具有決定性的意義。要想培養自己的交際能力，就應從以下三個方面進行努力：

首先，要樹立開放意識。

在這個多元化的社會裡，我們要樹立開放意識，要讓自己走出去，加入到各種圈子當中，不要封閉自己，要知道你交往的圈子越多越廣，你的人脈圈子就越多，你的機遇也越多，你知道的資訊也就越多，你的生活越豐富。

其次，要積極參與社交活動，擴大自己的人脈圈子。

要積極參與社交活動。首先，要多增加自己的愛好，愛好越多交往的朋友越多。共同愛好常常把各種各樣的人連接到了一起，成為志同道合的朋友，進而形成以愛好為特色的關係圈。其次是透過朋友搭橋，延伸交際活動半徑，因為每個人都有自己特有的關係圈，這些關係圈又是各有特色、不完全重合的。如此說來，我們就可以利用朋友的關係，由朋友搭橋，與他的朋友建立連結，爭取讓朋友的朋友也成為你的朋友，使之進入你的人脈圈子，讓你的人脈圈子越來越多。

再次，要善於與不同的人交往。

一個人的成功，除了時、運、命及其自身的努力之外，還離不開眾多朋友的支持和幫助，離不開對圈子的利用。人們可能都有這樣的體會，有時自己遇到一些事情，才覺得自己的人脈圈子少得可憐，有一種無助之感。只有人脈圈子廣闊的人才能遇事有人幫，做起事來得心應手。

圈子交際法則：己所不欲，勿施於人

「己所不欲，勿施於人」這是人際交往中重要的交際法則。人是最複雜的動物，人與人交往也是一項複雜的活動過程，在這個過程中，需要付出情感，但是更為重要的是需要智慧。在世界文明的歷史上，人際交往的智慧故事是非常豐富的。因為要把彼此獨立的人組成相互合作的同伴，就需要運用智慧。我們可以找出兩則典型案例，從中看到猶太民族關於人際關係的思考和處理。

第一則案例如下：有一個人來找拉瓦拉比，請教他一個問題：「市長要我去謀殺一個人，我要是不去，市長就會派人來殺了我。在這種情況下，我該怎麼辦？」

拉瓦拉比回答說：「寧可讓他殺掉你，也不要犯謀殺罪。你為什麼認為你的血就比他紅呢？」

第二則案例是：有兩個人外出旅行，走進了荒無人煙的大沙漠。其時，兩個人只有一個人有一點水。這點水如果兩個人喝，則兩個人終將渴死在沙漠裡，如果一個人喝，則此人就可以活著走出沙漠。在這種情況下，應該怎麼辦？

本·派圖拉比教導說：「擁有水的人應得以活命。」

按照猶太人的觀點，拉比對這兩個案例之所以得出這樣兩個結論，是因為分別基於如下兩條原則：

人不應視自己的生命價值高於他人。

一個人自己的生命價值絕不低於他人。

要是我們越俎代庖一下，將這兩條原則結合在一起的話，馬上可以看出，這不就是一條人己關係雙向對等的原則嗎？

一個人沒有權利把自己不願意要的東西（死亡）強加於他人（謀殺他），但一個人也不應該把一般人都不要的東西（死亡）強加給自己（渴死）。而當人己雙方都面臨著人類所不要的東西而又必須由其中一方承受下來（哪怕純屬被動）的時候，就讓每個人自己擁有的客觀條件來決定，而不做人為干預。

這種把問題的解答同初始的物質條件相掛鉤，不做人為干預的方法，從形式上看，是暫時的為道德原則「加括弧」，把它「懸置」起來，藉以迴避問題。但從實質上看，不就是不假道德之名，將不道德的要求強加給信守道德之人嗎？

不可否認，任何道德體系都內在的具有抬高整體（包括作為整體之具體化的他人），而貶抑自我的要求這一根本傾向。猶太民族的道德信條也不可能完全消除這種傾向，除非不成其為道德。

然而，在道德有可能越出「道德」的範圍，而成為某種不道德時，猶太民族卻極為合理、極為道德的緊急制動，憑藉懸置道德來給出最為道德的準則。這種以物的合理性，即物的歸屬，來規定人的合理性（即倫理或道德標準）的做法，正典型的展現了猶太智慧的一個極為意義重大、極具現代色彩的特徵：主觀合理性與客觀合理性吻合，主觀合理性受客觀合理性決定，或者更確切的說，人的合理性與物的合理性的統一與融合。

把古代人的智慧改變一下，看起來是矛盾的，實際上卻更深刻的展現了生存智慧：「己所不欲，勿施於人」和「人所不欲，勿施於己」，把這種智慧運用到人際交往之中，你就能夠得到真正的友誼，就能夠在人際圈子中樹立起自己的形象和地位。

人與人之間的關係，追求的就是心靈的相通，「心有靈犀一點通」一直是友誼的自然天性寫照，這種友誼常常被認為是可遇不可求的。其實，我們只要能夠正確理解自己的心理需求，也就能夠理解他人，這樣也就能夠尊重他人，獲得他人的友誼。

圈子交往四原則

圈子交往是有原則的，只有遵守圈子交往的一般原則，才能正確的處理各種人際關係，才能在人際交往中更順暢。

人際交往是人類社會中不可或缺的重要部分，人的許多需求都是在人際交往中得到滿足的。如果人際關係不順暢，就意味著心理需求被剝奪，或滿足需求的願望受挫折，因而會產生孤立無助或被社會拋棄之感；反之則會因有良好的人際關係而得到心理上的滿足。

要想成功建立良好的人際圈子，就要在圈子交往中了解、遵循和掌握下述四原則：

一、平等原則

在人際交往過程中，總要有一定的投入或付出，這兩方面的需求必須平等，這是建立良好人際關係的前提。人都有受人尊敬和友愛的需求，都希望得到別人真誠、平等的對待，所以，平等的原則在交往中非常重要。

二、相容原則

相容是指在人際交往中，人與人之間的關係要融洽，與人相處要做到心胸豁達、心理相容，適時調整交往頻率，找到共同點。

三、互利原則

良好人際關係的建立，離不開互助互利。這表現為人際關係的互相依存，可透過對能量、物質、精神、感情的交換而使各自的需求得到滿足。

四、信用原則

一個人必須講信用，恪守諾言，從而贏得他人的支持與信任。一個守信的人，能夠贏得別人的信賴，才能夠靈活自如的締造自己的社交圈。

閒談是擴大圈子的好方法

擴大圈子的關鍵取決於相互之間的交流，許多事就是在不經意的閒談中找到雙方的共同點，在思想上和心理上產生一種共鳴，達成一種共識，從而獲得別人的認同，使你和他人之間建立起良好的關係。

(1)閒談能拉近距離

人與人之間交往，是從交談開始的，閒談是交朋友、拉近距離、在想法上溝通的有效手段。很多時候，透過閒談可以讓兩個毫不相干的陌生人交上朋友。

有一次，一個人獨自去看電影，然而看到一半時卻停電了。他感到十分不安，因為旁邊沒有一個熟人可以交談，沒想到身邊的人開口與他搭話：「沒電真討厭，我們聊聊好嗎？」這正合他的心意，本來他正想不出如何打發這無聊的時光，準備起身離開電影院。於是兩人天南地北的閒談起來，最後電影散場時兩人竟成了好朋友，而且後來還保持聯絡。後來他感慨的說：「原來，友情就在一句話裡面。」

(2)閒談是化解敵意，交上朋友的最好方法

富蘭克林．羅斯福從非洲回到美國，準備參加一九一二年的競選。因為他是已故美國總統小狄奧多．羅斯福的堂弟，又是一位有名的律師，自然知名度很高。

在一次宴會上，大家都認識他，但羅斯福卻不認識在場的來賓。這時，他看出雖然這些人都認識他，然而表情卻顯得很冷漠，似乎看不出對他有好感的樣子。

羅斯福想出一個接近自己不認識的人並能向他們搭話的主意。於是他對坐在自己旁邊的陸思瓦特博士悄聲說道：「陸思瓦特博士，請您把坐在我對面的那些客人的大致情況告訴我，好嗎？」陸思瓦特博士便把每個人的大致情況告訴了羅斯福。

了解大致情況後，羅斯福在閒談中隨口向那些不認識的客人提出了一些簡單的問題，從中了解到他們的性格、特點、愛好，知道他們曾從事過什麼事業？最得意的是什麼？掌握這些後，羅斯福就有了跟他們閒談的話題，並引起他們的興趣，在不知不覺中，羅斯福便成了他們的新朋友。

(3)閒談可以引發共鳴，能廣交天下朋友

在閒談中要注意的是，不要只談自己得意的事情。在與人閒談中，即使是再好的朋友，也不要只談自己的得意事。因為你的得意會襯托出別人的倒楣，甚至認為你講述自己的得意便是嘲笑他的無能。這樣對方肯定不會喜歡你，也不會認同你了。

如果你在閒談中只顧談自己的得意之事，還會讓別人產生自己被比下去的感覺。

很多人在閒談中，往往忘記了這條根本原則，只知一味談論自己或與自己有關的事情，而對於對方的感受根本不去理會，這樣的結果是，各人只談自己關心的事，談話時貌合神離，導致交際失敗，關係圈縮小。

身在要位的劉海，由於他的春風得意，因此每次與朋友閒談中都使勁吹噓他身在要位，比如：每天有多少人找他幫忙，昨天又有人硬是送禮物給他等等，但朋友聽了以後不僅沒有分享他的成就，而且還極不高興。

後來還是他的妻子一語點破，他才意識到自己的癥結在哪裡。從此很少談自己，而是多聽朋友說話。因為朋友也有很多事情要吹噓，把他們的成就說出來，遠比聽別人吹噓更令他們興奮。

以後，每當他有時間與同事閒聊的時候，他總是請對方滔滔不絕的把他們的歡樂炫耀出來，與其共同分享，而只是在對方問他的時候，才謙虛的說一下自己的成績。

說到此，我們有必要提醒你，與人相處，切記不要在失意者面前談論你的得意。

如果你只顧談自己最得意的事，對方就會疏遠你，避免和你碰面，以免再見到你，於是你不知不覺中就失去了一個朋友，少了個朋友，自然就少了個關係。和朋友閒談的話題是很多的，可以多談對方關心和得意之事，這樣可以贏得對方的好感和認同。

圈子廣闊善於交友的人都是善於交談的人，即便是完全陌生的人，他也能打破沉默，在閒談中找到雙方的共同點。尋找共同點，抓住了共同點就抓住了談話的話題。

(4)用閒談打開辦事之門

閒談好比一把鑰匙，可以輕易打開辦事之門。

人們的興趣愛好往往牽連著頭腦中的興奮點。我們如果在閒談中根據不同人的興趣愛好，從不同的話題入手，往往可以相對容易的敞開對方的心扉，步入對方的心靈深處，有效激發對方的情感的共鳴，順利辦成所求之事。

有一次，一位供銷員到某廠聯絡業務。一進廠長辦公室，只見牆上掛了幾幅裝裱精緻的書法長幅，仔細一看，是篆書，便跟廠長閒談起來：「廠長，看來您對書法一定很有研究。瞧！這幅篆書寫得真好！稱得上『送腳，如游魚得水；舞筆，如景山興雲』。妙！看這裡懸針垂露之法的用筆，就具有多樣的變化美。好，好極了！」

廠長一聽，此人談吐不俗，還懂漢代曹全的懸針垂露之法，一定是書法同好，連忙熱情招呼說：「請坐，請坐下細談。」這樣，廠長無意中已把這位「書法同好」視為「知音」了，當後來供銷員與他談業務時，自然就「好說」多了。

透過閒談，雙方都發現了有價值的東西，迅速融洽了雙方的關係，這樣，一個陌生領域就不再陌生了。

一次，一個年輕人去求一位著名書法家辦事，在沙發上落座後，年輕人隨手從茶几上拿過一份刊有整版老年人書法作品的《晚霞報》，再看看牆上老人的幾幅書法作品，在閒談中年輕人說：「就是不知道先學行書好，還是楷書好？」

「呵，年輕人是應該學點書法，現在呀……」於是老先生滔滔不絕的說起了書法的現狀、書法的燦爛歷史以及學習書法的正確途徑、合理步驟等等。老先生與年輕人「一見如故」，年輕人不僅辦妥了事情，還從老人那裡懂得了許多書法知識，他的成功正是閒談的結果。

好的人際關係圈子是順利辦事的基礎。把握好閒談的機會，可以大大拓展一個人的社交圈子，使別人認可你，承認你，這樣，你要辦的事也就會迎刃而解。

進入新圈子，要撐過磨合期

人的一生會出現許多變遷。從家庭到學校，從學校到職場，從職場到社會，從此地到彼地，從舊環境到新環境，每個人都少不了這樣的經歷。每有這種變遷，你都面臨著一個陌生的交際空間，要涉足一個新的交際圈，要重構一個良好的人際圈子。這段時間就是人際關係的磨合期。在這個磨合期，如果你處理不當，就會與新環境格格不入；處理妥當，你就會很快融入其中。如何成功度過新圈的磨合期，要注意以下幾點：

(1)擺正自己的新位置

每個人在交際圈子裡都有相應的位置，這是交際規律的反映，也是社會規範的要求。不能正確擺正自己的交際位置，在交際圈中必然顯得唐突、冒失、差勁，也會受到社會群體的責怪、怨憤、牴觸、嘲弄、打擊。交際圈子複雜多變，交際者難以一眼看清，不易正確把握。自己在交際圈中到底處於何種地位，如何調適好自身位置，更不是輕而易舉的事。所以面對新環境、新朋友，第一步你要好好認識自己、評估自己，確定好以什麼面孔、怎樣的交際基調進入新的圈子裡。在圈子裡要擺正自己新位置，並不是每個人都能做到的。這其中需要交際悟性，需要良好的心理素養。保持平常心往往在自己位置調適中起著突出的作用。

(2)採取沉穩簡約的姿態

磨合期是一個雙方逐步熟悉，互相適應，彼此認同、接受的過程。人與人的差異情形萬千，總存在著這樣那樣的矛盾和衝突。作為一個新面孔的人，在進入陌生的交際領域的時候，一開始要採取沉穩簡約的交際姿態才是適宜的，有助於你與新環境的磨合。這是一個以靜觀動的方法，在自我保留節制中，你會對新的交際環境做個全面而深入的觀察和把握，從而有針對性、有實效的與新環境契合和交融。表面上看來這是一種消極的方式，實質上是一種策略，是一種更積極有效的技巧。

(3)保持適當的距離

人際關係密切程度通常是表現在人際距離上的。雙方關係親密，相互間距離較近；雙方關係疏遠，相互間距離較遠。與新同事新朋友初次相處時，彼此還不熟識、不了解，關係剛剛形成，距離自然是較大的。你若生硬的去與人親近，則有違交際規律，對方不僅不會做出友好表示，還會產生反感情緒。這種適得其反的效果，會把你置於被動地位。保持適當的距離，能給對方冷靜觀察你、認識你的機會。你們會在逐步熟悉和了解中，達成想法的溝通、情感的交融。你們的關係慢慢親密了，彼此的距離就會悄然隱去。保持距離重在適當，掌握在對方認可接受的範圍內，並能有效的促使雙方互相吸引。

(4)有效實現角色轉換

一個人若變換了生活空間，他的圈子也就出現了變化，他的角色也會隨之改變。若他的心態調整不過來，他的行為不能重新校正，他就無法適應新環境而左右碰壁，別人也會對你產生諸多誤解和非議，你就難免成為一個與新環境格格不入的人。人是能動的，環境是不以人的意志為轉移的，人應主動適應新環境，沒有理由要求新環境去遷就你個人。所以進行角色轉換應是一種自動行為，實現角色適時適當的成功轉換，將自己完完整整、及時可靠的變成新環境中的新成員。

(5)培養交際魅力

交際的最高境界是人與人之間互相依附，難捨難分。尋求磨合途徑當然要在這方面想辦法。一個人在交際中形成對別人的吸引力表現為他的交際魅力。這是一個內容豐富的綜合體，包括人的形象、知識、品德、能力、語言、幽默等多層次多方面的內容。一個充滿交際魅力的人，別人會主動親近他、接受他、適應他，人際之間的差異、矛盾會得到有效解決，人際關係磨合會呈水到渠成之勢。所以面對新環境、新朋友，根本的還是培育出自己獨特的交際魅力，替自己創造一個有利的交際環境，為自己帶來一個理想的交際地位。

變換了生活空間，你的圈子也要轉變。不要刻意的要環境適應你，那是不可能的，只有你去主動適應新環境，才能構建起你與新環境的人脈圈子。

多認識帶「圈」的朋友

多認識一些帶「圈」的朋友，多認識一些朋友多的人。每個人的人脈圈是不一樣的，朋友的朋友也有可能成為你的朋友。這就如同數學的冪，以這樣的方式來建立圈子，拓展人脈圈子的速度是驚人的。

假如你認識一個人，這個人說：「下星期我們有個聚會，你來參加我們的聚會吧。」你到了那個聚會，發現這些人都是五湖四海的人。帶圈子來的人和不帶圈子來的人的附加價值是不一樣的。我們知道在人脈圈子中，朋友的介紹相當於信用擔保，朋友要把你介紹給其他人，就意味著朋友是為他做擔保。基於這一點，你可以請你的朋友多介紹他的朋友給你認識。就像我們做客戶服務一樣，如果你的新客戶是一個強而有力的老客戶介紹的，這位新客戶一下子就會接受你或你的服務。

你會發現這樣累積人脈資源的成本是最低的，你不需要花更多的時間去做介紹，你不需要花更多的時間去請客吃飯，這些都省下來了。

我們的思考問題通常只站在自己的角度，再好的個人，其實都有自私的一面，這是因為單個人總是有偏差和缺陷。所以，認識一些帶圈的朋友，很重要的一點是可以彌補我們個人在社會關係中的不足。

要認識一些帶圈的朋友，首先必須假定一個前提，我們所擁有的人脈資源如同做生意，也是一種社會交換。我們跟朋友之間之所以可以維持互動關係，是因為我們各自有可交換的東西，而且這種交換是不同價值的交換，是不同價值透過交換彌補各自需求的，而且對雙方都有意義的。

記住，人脈資源的黃金法則就是，要獲得交友圈裡的資源，就要捨得奉獻你自己圈內的資源。

利用圈子找圈子，圈子越來越大

編織人脈圈子，如果只是憑藉自身的力量，一個一個去接觸的話，效率未免太低了。我們身邊的每一個熟人都有自己的圈子，他的朋友中也許就有我們想要認識的人，如果能借助熟人的介紹去認識這個人，很快就能和對方搭上關係，以此法加長自己的關係鏈，不失為一種好的招數。

呂先生是一家建築公司的經理，他聽說市內要進行基礎設施建設改造，覺得這是自己事業上升的一個大好機會，很想奪標。可是競爭者不下十幾家，自己的公司在同類企業裡也並不拔尖，怎麼能夠奪標呢？如果能和這項工程的負責人搭上話，事情就好辦多了。

經過打聽，呂先生得知，這位負責人姓張，住在風雅社區。呂先生忽然想到，自己的同學也正好住在這個社區裡，說不定就認識這位負責人呢，他趕緊撥通了同學的手機，同學說他們雖然住一個社區，但自己也從來沒有和這位負責人說過話，不過自己的鄰居好像和他很熟，也許能幫上忙。後來，呂先生的這位同學找到了鄰居，又透過鄰居找到了這位姓張的負責人。最後，呂先生終於和這位負責人搭上了話，經過交談，加上同學的鄰居的幫忙，終於取得了這位負責人的信任，成功奪標。透過這件事情，呂先生和這位負責人常來常往，成了很要好的朋友。

一個人要想開發人脈資源，單槍匹馬，必然費時費力，成功的機率也不是很高，而如果利用圈子套圈子，則可以在短時間內開發出大量的人脈資源。由於圈子套圈子是在熟人之間做文章，它借助的是朋友的介紹，增加了彼此的信任度，從而降低了交友成本，大大提高了交友的成功率。利用這種辦法來加長關係鏈，能夠產生一生二、二生三、三生萬物的幾何指數的倍增效應。

曾經有一位取得很大成功的人士在向別人介紹他的成功祕訣時說，他常常對別人說的一句話就是他需要對方的幫助。他誠懇的請求對方介紹三個朋友給他。這對別人來說只是舉手之勞，所以他很少遭到拒絕。這樣一來，認識一個人，還能再多認識三個人，這種拓展人脈的方法，使得他的人脈圈子像滾雪球一樣越滾越大。

這種拓展人脈的方法很簡便易行，在我們日常生活中，遇到熟人、朋友，在閒聊之中，我們就可以將這件事情辦成。你可以對朋友說諸如此類的話，「你如果認識某某職業的人，麻煩介紹給我認識一下。」、「我對這個領域比較擅長，如果你的朋友需要幫助，可以來找我。」說這些話，用不著費多大工夫，但你說過的話，朋友會記得，一旦他有合適的朋友，一定會介紹給你認識。

總之，在現代社會中，要想獲得更好的發展，沒有較大的關係圈子是不行的，我們每個人一定要拋棄僅憑自己力量的思維模式，盡可能的拓展人脈資源，獲得更多人的支持和幫助。

交換人脈圈，讓圈子變大

你有一個非常好的人脈圈，我有一個非常好的人脈圈，如果我們互相交換，那麼，你有兩個人脈圈，我也有兩個人脈圈。所以，擴展人脈資源最有效的方法就是與別人交換人脈資源。

在英國有這樣一對母子倆，兒子是汽車推銷員，母親是保險推銷員。

有一次，兒子向一位名人成功推銷了一輛汽車。一個禮拜後，這位名人突然接到一通陌生電話：「OO先生您好，我是甘林的母親，感謝您一個禮拜前向甘林買了一輛汽車，我今天打電話是想通知您，請您明天抽時間開車回車行進行檢查。」這位母親知道，大凡名人都很忙，一般不會隨便接受別人的邀請。所以，想藉這位名人回車行的機會請他吃飯。

第二天，這位名人如約而至，檢查車況後，這位母親對他說：「OO先生，為感謝您的支持，已到午餐時間，我想請您一起坐一坐，我們可以順便聊一聊如何更好的維護你的愛車。我想您不會拒絕一個做母親的請求吧？」名人盛情難卻，接受了邀請。

席間，這位母親說：「像您這麼成功的人士，一定會非常注意生活的品質，一定需要一份完善的保障計畫。您幫助了我兒子，您一定也會幫助我的，我這裡有一份保險企劃書，請您過目一下。」這位文化名人面對對方的盛情，實難拒絕，不得不接過保單。

幾天後，這位母親不斷的打電話和親自拜訪，終於簽下了一張保單。同樣，這位母親的兒子也以同樣的方式向母親的保險客戶推銷汽車。這就是人脈資源交換的有效運作。

你的人脈圈子有多大？沒有人可以限制你的人脈圈子到底有多大，唯有你自己可以決定，它可以無限大，也可以無限小，這要看你的努力程度了。甚至於你的人脈圈子可以是這個星球上的總人口。

當兩個人交換一顆蘋果時，每個人都只有一顆蘋果，但當兩個人交換人脈圈子時，他們可以各自擁有更加豐富、完善的人脈圈子。所以很多人都說，互換人脈資源是拓展人脈最快速、最有效的途徑。

張先生是做房地產銷售生意的，在他的通訊錄裡有不少房產客戶的資料。他的女友是一個保險銷售員，她的通訊錄裡記錄著很多購買保險的客戶的資料。看起來，他們各自的客戶並沒有什麼交集，其實不然，兩個人經常會把自己的客戶介紹給對方，結果女友的客戶買了他的房子，成了他的通訊錄中的新成員，他的客戶買了女友的保險，也成了女友的新朋友。透過這種辦法，他們彼此的資源增加了一倍。當然，他們的這種互換資源的方式並不僅僅限於情人之間，他們還會和周圍的一些朋友進行交換，就這樣他們的人脈圈子越織越大，越織越廣。

不少人都為自己手中掌握的可憐的人脈資源擔憂，也許你也注意到了，這也是你身邊的某個朋友的困惑，為什麼不採用上面交換人脈資源的方式，複製一份自己的資源給他，然後讓他回報一份給你，這樣你們馬上就會擁有兩份人脈資源。

這種互換人脈的方法非常有效，很多成功人士做生意時就常常用到這種方法。你換出去的資源，不會從你手中流失，而且透過這一過程，你還得到了另一份回報。所以，如果你還在為不能盡快拓展人脈的事發愁的話，就趕緊行動起來吧。

聚會也是為了鞏固圈子

生活中各種各樣的聚會，如同學聚會、生日聚會、同鄉聚會、同事聚會……這些名目繁多的聚會，形式大同小異，表面上都是大家坐在一起，吃吃喝喝、說說笑笑。但更重要的是為了聯絡感情，鞏固圈子。

由於現代社會是一個快節奏的時代，我們每個人都在忙於自己的工作，很少有交流的機會，時間長了，再濃的感情也會變淡了。而關係一旦變得生疏，有什麼事情要想找人幫忙，也就不好意思開口了。所以，不時的參加聚會是為了交流感情，以鞏固和拓寬人脈圈子。

小麗是一家公司的白領，平時工作很忙，很少有和人聊天、逛街的時間，有時忙得連打電話給朋友的時間都沒有。儘管如此，卻絲毫沒有影響她與朋友的關係。小麗能維持人脈圈子的祕訣，就是參加聚會，在聚會中她不僅會見到好多熟悉的朋友，還會結識很多新朋友。所以，她身邊總是圍繞著很多朋友，辦起事來當然就得心應手。

現如今，生活節奏快，社會壓力大，使得很多人喘不過氣來，感覺沒有心情和時間去參加聚會。這是事實，不過越是這樣越需要放鬆。弓弦張得太緊了，難免要崩斷，適當的參加一些聚會，和朋友喝喝酒、聊聊天，一來可以放鬆心情，緩解緊張情緒；二來可以增進彼此感情，拓展自己的人脈圈子。所以，對於必要的聚會，千萬不要輕易拒絕，不要排斥，而應以一個良好的心態去參加。

在聚會上，要盡量留給朋友一個美好而深刻的印象。不能孤芳自賞或者是放浪形骸，要以優雅的風度、幽默的談吐和真心的傾聽，拉近你與別人的距離。

聚會結束，要盡量與朋友保持聯絡，工作再忙也要抽出幾分鐘的時間問候，不要讓人以為「聚會結束，友誼停止」。要讓彼此的友誼持續下去，在一次又一次不經意的交談中慢慢昇華。

參會進班，就是為了一個圈子

隨著充電熱的不斷升溫，培訓不再僅僅是為了學習知識、提高技能，開始衍生出許多附加功能，其中最引人注目的，就是「人脈圈」。想想看，在一些層次較高的培訓班中，各行各業的老闆、高管不經意間就成了自己的同窗好友，其中暗藏的商機該有多大？因此，越來越多的人表面上是在參加培訓，實際上是直奔「圈子」而去。

的確，這是一個不錯的選擇。參加一些培訓班或研習會，你既可以學習到一些新的知識，又可以進一步了解行業的趨勢，而最為重要的，就是可以結交很多重要的朋友，拓展自己的人脈資源圈子。

身為要職的張女士參加的某著名大學「女性執行長高級研修班」，在招生簡章上，招生對象明確定為：「領略過成功的女企業家、女性金領和白領、國營事業女性高管人士、都會女性休閒族和自由職業者。」而張女士本人就是第六期研修班的學員，原本已擁有博士學位，但還是先後讀了九個這樣的培訓班。對此，張女士直言不諱的表示：「我們研修班學習的學員包括來自全國多個領域的行業菁英。參加此類培訓班，原因之一就是被其龐大、高層的人際圈子所吸引。對企業總裁和高管來說，有時人脈比知識更重要！」

同時，據此研修班的舉辦者介紹，在第一期學員中，某市長夫人、某銀行行長、某電視台主播、某大型購物中心總經理都名列其中。其中一半來自外縣市，平時上課都需要搭高鐵。「其實學員之間的互相吸引、彼此開闊眼界也是這類研修班看好的一個原因。」可見，拓展自身的人脈圈子成為研修班吸引名媛的一大優勢。

除了培訓班或研習會，當然你也可以選擇去國外商學院讀個 MBA。當然這需要你有足夠的金錢，據統計，在美國的商學院攻讀兩年 MBA 大約要花十萬美元。對普通人來說，這實在是一筆昂貴的、奢侈的費用。這當然是因為：全球排名前二十名的 MBA 學校大都在美、英等國，他們 MBA 教學的師資、設備、課程的先進性、新穎性以及實用性都大大勝出國內一籌。

但是，反過來想一想，這些花費仍然是值得的。因為在國外讀 MBA，同學會遍布全世界，為將來進入全球化領域，比如銀行、投資等領域，提供龐大的資源。MBA 學習最重要的功能之一就是結識一批「人尖」——本行業的菁英可能都與你坐在同一個課堂上。如果沒有這一點人脈支持，MBA 就會貶值很多，這就是名校 MBA 最大的魅力。這些關係都是不可多得的財富，他們今後可能獲得更大的發展，這就會為你的事業帶來幫助。

當然，去國外名校念 MBA 也不是唯一的選擇。如今，SONY 等越來越多的世界級知名企業都相繼開辦了自己的 MBA 學習班，目標鎖定公司高級管理階層和政府要員。企業投入這麼大的精力和金錢，難道真的僅僅是為了讓員工獲得一些先進的管理知識嗎？如果單純是這樣，完全可以把他的員工送進學校，而不是自己辦學習班。究其原因，其實這是種新型的公關策略——建立一個強大的權力人際關係圈子。

當有人邀請你去參加培訓班或是研習會時，你一定要以一種開放的心胸和正向的態度參加。參加培訓班或研習會會讓你進行一些投資，但是將投資用於學習、培訓，提高你的發展人際關係的技巧，拓展你的社會交際能力，會讓你受益匪淺。

很多成功人士認真研究了昔日培訓班校友的名單後都會驚嘆，絕大多數人都是他們生意上或者潛在生意上的合作夥伴，這種認知，讓他們明白校友資源就是一種潛在的財富。

積極主動進圈，才能有圈

要想搭建人脈圈子，深居簡出是不會獲得人脈的，封閉自己也不會獲得人脈的，只有敞開自己的心扉，積極主動的踏入各種圈子裡，你才能獲得人脈。

你是不是喜歡安靜，不喜歡人多的場合，你是不是覺得一個人獨處很隨意很自由，你是不是還覺得一群人聚在一起吵吵嚷嚷，很讓人心煩……那麼可以斷定你的人脈資源一定少得可憐。如果你仔細回想一下自己的生活，就會發現自己的日子有多麼糟糕！在你遇到困難的時候，是不是只能靠自己的力量勉強支撐，很少會得到別人的幫助？在你生日的時候，是不是很少有人為你慶祝生日，你只能對著牆壁默默發呆？在你取得成功之時，是不是沒有人和你分享，以致你覺得這種喜悅索然無味？總之，你的生活是不是因為少了朋友而變得單調？

人不能一個人孤獨的生存，必須有自己的生活圈子，你才能活得更開放，更豐富，因此，你必須要改變自己一貫的生活方式，不要獨自相處，一定要改變自己的觀念，開放自己的生活，讓自己走出去，進入圈子裡，你才能活得更精彩。

在平時，你不妨多參加一些朋友聚會或同事舉辦的活動，不管是去 KTV 唱唱歌，還是去野外爬爬山，你都不要拒絕。週末或節假日是你結交人脈的黃金時間，千萬不要錯過，你要利用機會讓自己走出去，進入圈子裡，去認識更多的人。以下幾個具體方法，你不妨可以試著做：

(1)你可以去找一家不錯的茶館或是咖啡廳去品茶或是喝咖啡，去結識更多更優秀的朋友。茶館或是咖啡廳是很多高雅人士常去的地方，在茶香裊裊或是濃濃的咖啡香氣中，你可以開放自己的心境，大膽的與他們交談，進來之前是陌生人，出去之後可能就是好朋友。

(2)如果你喜歡運動，不妨去辦一張健身卡，去健身房既可以健身又可以結識愛好運動的朋友。你還可以加入籃球、羽毛球之類的俱樂部，和俱樂部的成員在一起活動，彼此間的友誼會隨著運動而加深。如果你還沒有參加過某些特別的活動，比如野外拓展訓練，就去找愛好這一運動的朋友，和他們一同前往。

(3)你如果覺得自己需要「充電」，要去參加一些培訓班或是研討會什麼的，那也不耽誤你結識朋友。你可以經常跟某個你想結識的人請教一些問題，在彼此交流看法的過程中，對方已視你為朋友了。學習和拓展人脈，一舉兩得。

(4)在家中舉辦聚會，邀請朋友來做客，用你的拿手好菜招待一下朋友，這對鞏固你們的關係是非常有益的。

(5)積極去參加一些社團、朋友聚會，在會上多多表現自己，引起更多人的注意，這樣會大大增加別人認識你的機會。

除此之外，還有很多種方法，隨著網路的發展，還可以透過現代化網路資訊，論壇、LINE、FB及

IG，這些可都是很好的拓展圈子的管道，這樣，你的朋友遍天下已成為不爭的事實。

加入社團，就進入了顯達貴人圈

社團是一個「同聲相應，同氣相求」的團體，裡面的成員來自五湖四海，因為共同的興趣或目的而走到一起，彼此很容易親近起來，從而容易開展進一步的交流與合作。可以說，社團組織是拓展人脈的發源地。

剛剛大學畢業的王紅，她逛了人力銀行很多次都沒有找到合適的工作，最後，三餐都成了問題。她發現一家保險公司在招人，趕快去應聘。這份工作沒有業績就沒有薪水，而要得到業績就必須有人脈。在這個陌生的城市，到哪裡去挖掘客戶呢？保險公司的銷售主管建議她去參加一些社團組織，到那裡去挖掘一些客戶。

王紅按照主管的建議，參加了一些社團，這些人來自各行各業，出於共同的愛好，大家聚到一起。進入社團組織的她，發現社團中的很多人都是自己的潛在客戶，她積極融入，有意的接近那些潛在的客戶，透過幾次交談，這些人對她很有好感。第一次接了一個大單子，後來透過他們的介紹，王紅的客戶圈子越來越多，她的業績突飛猛進，業績在保險公司中名列第一，她不但拿到了豐厚的獎金，還被提升為業務經理社團組織是一條經營人脈的有效途徑。很多人就是依靠進入社團組織裡而擴大了自己的圈子。很多名流人士都有參加社團組織的愛好，如果你能經常參加的話，很有可能遇上幾位「貴人」，一旦他們伸手援助，你做事就更容易了。

劉先生是一家公司的老闆，他的很多朋友都是透過參加社團認識的。這些朋友給了他很大的幫助。嘗到了社團人脈圈子為自己帶來事業發展的劉先生更加熱衷這一活動。這些年來，他參加的社團種類繁多，全國性的、區域性的、行業性的。只要有時間，他總會踴躍參加，而且每參加一個社團，他能認識很多人，這些人涉及各行各業，讓他的圈子交際越來越廣，做起事來得心應手。

因此，社團組織是一個人脈豐富的圈子，你不妨把自己放到社團組織圈子裡，你不論在生活上，還是事業上，你都會順風順水，遊刃有餘。

開拓圈子的幾個主要途徑

隨著社會的開放，人脈圈子呈現多元化的趨勢，打破狹小的圈子限制，走向更大的人脈圈子，是人走向發展和成功的必經之路。

開拓圈子一般來說，有以下的幾個主要途徑：

(1)透過職業社交來延升自己的圈子

你在一家公司工作最大的收穫不只是你賺了多少錢，累積了多少經驗；還包括你認識了多少人，結識了多少朋友，累積了多少人脈資源。因為這種人脈資源在你離開公司之後，還會繼續發揮作用，成為你無形的資產和財富。

而對於為事業而社交的人來說，在工作中，職業社交正是把握人脈最好的機會，比如接洽媒體、與各類客戶打交道、參加各種行業聚會和品牌活動等等。這些都能夠為你提供與事業發展直接相關的資源。

(2)透過充電學習擴展自己的圈子

現代社會，學習已經不僅僅是年輕人的事，終身學習已成為全社會的共識。善於利用學習、培訓、進修、訪問的機會，多交朋友，廣結善緣，這也是提升自身價值，累積人脈的好辦法。如很多白領把上MBA班，當成結識企業管理人士、提升社交圈的重要辦法：既可以聽專家講授的知識，也可以透過MBA班擴展人脈。

(3)透過加入社團活動來擴大圈子

如果我們想擴展家庭、學校和公司以外的人脈，就應該透過參加有活動和聚會也有吸引力的社團機構，或者參加各種開放的活動來開拓人際關係。我們都知道，平常主動親近陌生人時容易遭受拒絕，但是參與社團或者活動時，人與人的交往在「自然」的情況下就比較順利。這時，人與人的交往互動在自然的情況下發生，也有助於建立情感和信任。

(4) 透過參加聚會來擴大圈子

不時的參加一些聚會，幾乎每個人都參加過派對，但是參加什麼派對，如何參加派對，卻是一門學問。不論參加什麼活動，都要有選擇性，這要視每個人的具體情況而有所側重，比如性格、愛好、所處行業、從事的工作、目前需求等等。進行選擇的同時，其實也就是在有意的選擇認識什麼人，跟什麼人維持長期的關係，這對我們擴展人脈圈子是很有幫助的。

構建圈子有方法

每個人都有自己的人脈圈子，構建方法不一而同。歸納起來，構建自己的人脈圈子的方法不外乎有以下幾種：

(1) 從身邊人做起

每一個人的人脈圈子，首先要從對身邊人的挖掘和累積開始的，然後再慢慢到老師、同學、朋友、同鄉、同事，最後再突圍到更大更高階的圈子。其中，因為熟悉和了解，來自身邊的人脈圈子，往往也是最牢固可靠的圈子。親戚、同鄉、同學、同梯、同事，都可能成為你事業發展中的「貴人」。

(2)結交關鍵人物

認識關鍵和重要的人物，當然首先要開放你自己，從各種管道入手，而不是僅僅局限於你經常所接觸的圈子，除非你本身已經是個很高階的人物。比如學生可以爭取以志願者或義工的身分參與學校各種重要活動、成功人士講座、校外的會展等；畢業生爭取一流的大公司，透過職業交際結識更多傑出人士，有一定積蓄和工作經驗者，就可以多多參與有頂尖人士的會議和論壇。

(3)結交「陌生人」

在我們大多數人對於接觸陌生人和外界社會懷著排斥而非開放的態度，這樣就會失去好多結交對你有幫助的未來的朋友。因此我們要改變觀念，樹立以開放的心態來接交陌生人，我們會有意外的收穫。

一次，小李去外地出差，在火車上偶遇了陌生人，小李熱情的向他打招呼，然後幫這位先生泡了一杯茶，兩個人聊起天來。

「您貴姓？」

「敝姓李」那位客人回答。

「我也姓李。」

客人一下來了興趣：「是啊，我們是前世的血緣呀！」

小張說：「哈哈，是呀！」

「你是哪裡人呀？」小張問。

「宜蘭人。」客人乾脆俐落的回答。

就這樣兩個人的話匣子馬上就打開了，這麼聊來聊去就聊到了一條資訊，宜蘭的三星蔥正是收穫期，價格也便宜，現在蔥價高，不妨兩人合夥做三星蔥生意，這一來二去兩人真的開始做起了生意，幾個月過去了，兩人賺了一大筆錢，而且成為了生意場上的長期合作夥伴。

打造圈子要會經營人情

卡內基對於人際關係有更進一步的看法，他認為：完整的人際關係包含三階段：發掘人脈，經營交情，出現貴人。時下很多年輕人不是沒有專業實力，但機會總是擦身而過，究其原因在於少修了一門交情學。

美國石油大亨洛克斐勒在其全盛時期曾感慨的說：「與人相處的能力，如果能像糖和咖啡一樣可以買得到的話，我會為這種能力多付一些錢。」連商場巨擘都對人際關係的拓展如此重視，更何況是一般人。

「若二十歲靠體力賺錢，那三十歲靠腦力賺錢，四十歲以後則靠交情賺錢。」

西方行為學專家提出的鄉村理論裡指出，人的一生大概可交往兩百多位朋友，最核心的可以有五十位，問題是一般人朋友不少，但缺乏交往的比比兼是，如那些活躍於應酬場合的人士，看起來人脈豐沛，但最後願意為他兩肋插刀、雪中送炭的都不是這些看來熱絡卻只是點頭之交的人，而是你可能忽略、卻真正重視和你交往的朋友。

三國爭霸之前，周瑜並不得意。他曾在軍閥袁術部下為官，被袁術任命過一回小小的居巢長，一個小縣的縣令罷了。

這時候地方上發生了飢荒，兵亂使糧食問題日漸嚴峻起來。居巢的百姓沒有糧食吃，就吃樹皮、草根，活活餓死了不少人，軍隊也餓得失去了戰鬥力。周瑜作為父母官，看到這悲慘情形急得如熱鍋上螞蟻，不知如何是好。

有人獻計，說附近有個樂善好施的財主魯肅，他家素來富裕，想必囤積了不少糧食，不如去向他借。

周瑜帶上人馬登門拜訪魯肅，剛剛寒暄完，周瑜就直接說：

「不瞞老兄，小弟此次造訪，是想借點糧食。」魯肅一看周瑜豐神俊朗，顯而易見是個才子，日後必成大器，他根本不在乎周瑜現在只是個小小的居巢長，哈哈大笑說：「此乃區區小事，我答應就是。」

魯肅親自帶周瑜去查看糧倉，這時魯家存有兩倉糧食，穀三千斛，魯肅痛快的說：「也別提什麼借不借的，我把其中一倉送與你好了。」周瑜及其手下見他如此慷慨大方，都愣住了，要知道，在飢饉之年，糧食就是生命啊！周瑜被魯肅的言行深深感動了，兩人當下就交上了朋友。

後來周瑜發達了，當上了將軍，他牢記魯肅恩德，將他推薦給孫權，魯肅終於得到了大展鴻圖的機會。

送人情絕不是件簡單的事情，它需要你時時、處處、事事皆留心。一個能把人情送出去的，絕對是懂得圈子藝術的人。

別小看這「一炭之熱」、「滴水之恩」，這樣的人情可得傾林相送，湧泉相報。

我們在社會上，內心都有一些需求，有的急有的緩，有的重要有的不重要。而我們在緊急的時候遇到別人的幫助，則內心感激不盡，甚至終生不忘。瀕臨餓死時送一個饅頭和富貴時送一座金山，就內心感受來說，完全不一樣。所以要落人情，便應洞察箇中蹊蹺。

臺北市有一家酒莊，經常舉辦盛大的政要宴會。這家酒莊的老闆曾彥霖，被外界譽為全臺最懂紅酒的人，平均每年葡萄酒的銷售量是六千箱。單憑著經營酒類生意，就能與顧客建立起深厚交情，曾彥霖可說是第一人。外界對曾彥霖的認知是，「他從不站在推銷的立場，而是設身處地替上門客人抓消費預算及適合口味。」每位上門的顧客，曾彥霖都會發揮最大的耐心，解說各式紅酒的特色，從他講述豐富的酒知識過程中，嗅不出一絲商人氣息。

而曾彥霖談起人際關係僅淡淡的說，「我只是在每個朋友最困苦的階段，從不缺席罷了。」「我的這些在醫界、法界的朋友，工作壓力都很大，因此下班後喜歡來這裡品點酒，藉以抒發情緒。」曾彥霖說話總是一派輕鬆模樣，但朋友私下說，大家三杯酒下肚，往往牢騷滿腹，而曾彥霖總是不厭其煩，在一旁陪伴著。

你一臂之力的人並不在少數。

心結五：貿然跟別人開口很唐突

有這樣的擔心其實是可以理解的，那是因為我們「平時不燒香，臨時抱佛腳」的緣故，所以，我們與對方尚無深交，就毫不掩飾的提出一堆要求，自然會踢到鐵板。不要有用到人時才和人家來往，在平時就應該經常保持聯絡，時常給人幫助，要知道幫助別人就是在幫助你自己，為別人服務就是在為自己種下福田，當你需要幫助的時候，不用你開口相求，也許你會先發現，周邊已出現很多援助之手。

第六章 圈子行銷——每個圈子都是你的客戶

「圈子」指的是擁有某種相同或相近的愛好、興趣或特質。圈子行銷是指針對這類族群，深挖他們的需求，以此為基礎進行定位並整合各類資源進行行銷的活動。例如，做戶外裝備的企業針對的圈子就是「登山協會」、「背包客會」等等。紅酒商針對的圈子可能就是企業家俱樂部等等。在做行銷時可根據這些圈子所呈現出來的特性來制定行銷策略。

圈子越多，賺錢也越多

湯姆．霍普金斯是世界一流的銷售大師，被美國報刊稱為國際銷售界的傳奇冠軍，他是金氏世界紀錄房地產銷售最高紀錄的保持者。他曾與美國前總統布希、前英國首相柴契爾夫人等同台演講。他出版的書籍被譯成十一種文字。

他是如何利用人脈資源圈子來做行銷的?他的行銷智慧值得我們學習。

第一，賺更多錢的技巧就是去接觸不同的圈子。

雖然少數的銷售員會否認前面的說法，但多數銷售員卻不會如此做，他們知道他們必須每天去會見一堆新客戶才能成功。當然，他也害怕被人拒絕。但是，請你改變這個觀念，那就是每一次被拒絕，你實際上是賺到了錢，你被拒絕的次數越多，賺的錢也越多。

所以，現在你就走出去會見一些需要你產品的人吧！邁出這一步，你才能走向成功之路。

第二，銷售就是去找人銷售產品及向你找到的人銷售產品。

電話銷售以及陌生拜訪的比率大約是十比一，那就是說，打十通潛在客戶的電話可以得到一個面談機會。不要去問別人的成功比率，不要去和別人比，你只要跟自己比就好了，你要使自己每天進步一點點。

一旦你把你的成功比率設定好，那就要努力去執行。如果你得到大量的會面機會但是沒能做成幾筆銷售，你可能在未得到有效資格認定之前就失去了機會。在找錯銷售對象時你無法賺到錢。

第三，被其他業務員遺漏的顧客，就是一個金礦，只要你願意並且能夠使用它，你就有享受不完的資源。

當失敗的銷售人員離開一個客戶時，在他們後面的是什麼？他們的客戶。

很多人之所以在銷售上失敗，是因為他們不知道追蹤跟進。在你公司那些失敗的銷售員，他們所放棄的客戶也能成為你的客戶群。

「只要你開始致力於別的銷售員遺留在公司的檔案，你的收入就起飛了。你應打電話給這些被遺忘的客戶，重新建立你們的關係。」

第四，做一個當地優秀的公關員。

一位冠軍不會閉關自守，他會從報紙中發現有價值的新聞。冠軍會讀當地報紙來引發生意。而且他讀報時手中拿著一支筆，因為有成批的人刊登各種消息，他們的每一件事對冠軍都是重要的。

報紙上登載著許多有關人們升遷的小道新聞，你可以信賴這種通告。讀每一則文章，剪下來，然後寄給那個升遷的人，再附帶一個短箋道賀恭喜。他肯定會心存感謝，你與他之間的連結就這樣被順利的建立起來。

第五，交換圈子。

你應該運用一些最好的客戶來建立自己的交易市場，除了一些努力之外，它花不了你什麼成本。

選擇一些能幹的銷售員和你做交換。交換包括兩個內容：交換客戶圈子名單；相互介紹顧客圈子。你要先打第一通電話，告訴銷售經理你想做什麼，問他你應該在他公司找誰做你的交換市場。那位銷售經理就會安排某個人作為你的交換市場。

第六，保持聯絡。

與顧客保持長期聯絡有三種方法：寄東西給他們；打電話給他們；去看望他們。

大部分的頂尖銷售冠軍用寄出郵件的方式與客戶保持聯絡。很多汽車生意的頂尖銷售員每年都會把公司新產品的介紹小冊子及時寄給客戶，透過這種方式了解客戶需求，從而有效建立新一輪的供需關係。

所有的這些郵寄系統能以小小的努力獲得大量回饋。但是它不能取代電訪或親自拜訪的聯絡方式。用郵寄去保持接觸，維持你在他們心中的新鮮度。要利用電訪和親自拜訪得到最有效的回饋，將銷售落到實處，完成銷售任務。

開拓市場，要站在各種圈子裡

柴田和子是日本推銷女神。她連續十一年享有日本壽險「終身王位」稱號，國際組織MDRT（Million Dollar Round Table，百萬圓桌會議）會員。她的業績相當於八百零四位業務員業績之總和。

柴田和子是如何利用人脈圈子資源進行銷售的呢？

第一，總給人一個清潔、明朗的印象。

柴田和子雖然一說話便顯得神采飛揚，但她認為自己的身材比較渾圓，沒有明顯的特徵，在初次會面時無法吸引對方的眼光，因此，她一般藉由「服裝」給人強烈而明朗的第一印象。

第二，利用以前所累積的人脈圈子資源。

柴田和子高中一畢業就到「三陽商會」任職，直到結婚為止，而其周邊人脈圈子也給了她極大的幫助；當初的人脈圈子完全是以「三陽商會」為基礎，然後透過他們的介紹以及轉介紹（口碑傳播）而來的。也就是以圈子套圈子。

另外一個穿針引線的則是她的母校——「新宿高中」。

「新宿高中」是一所著名的重點高中，它培養了一大批優秀人才、社會中堅。其畢業生都在社會上占有一定的地位。

第三，善用銀行開發客源。

當時日本所有的企業自由資本比例比較低，常需要向銀行貸款，而銀行也發揮極大的金融效能，在銀行與企業的權力結構中，銀行居於絕對支配地位。因此，銀行的推薦相當有力量，可以為對方帶來壓力，柴田和子常常以這樣的關係來做她的開場白：

「我是由銀行介紹來的，但是我與銀行並沒有任何特殊關係。因為是我自己跑到銀行請他們介紹的，所以請別介意『銀行介紹』這四個字，請您聽聽我說的內容。希望您能理解，我是以一個保險業務員的身分，來為貴公司推薦一項非常合適的商品，因此，請您務必針對這項由我為您設計好的保險商品，加以批評、指教，這樣對我的成長也有所助益。我希望一點一滴的累積這些教訓，將來成為日本頂尖的業務員。因此，請您不吝指教，對我加以指導。」

有一家銀行為柴田和子提供了七家企業的轉介紹。那家銀行的支行長是一位非常優秀的紳士，之後又陸續為她介紹了很多企業。

當柴田和子成功獲得一家銀行的轉介紹後，其他的銀行也逐漸對她伸出了雙手。

為了具體了解企業名稱，她曾經一整天坐在銀行櫃台窗口前的椅子上，一聽到銀行小姐喊「OO 工業公司」、「OO 會」，就一個一個把名稱抄錄下來，然後再上二樓的貸款部門請求工作人員為她介紹那些企業，然後再去一一拜訪。

第四，尋找關鍵人物。

柴田和子之所以從老闆下手，是因為那是最有效率的做法。由於老闆是握有決定權的關鍵人物，只要他說「Yes」，剩下的就只是事務性工作了。因此，行銷人員必須要學會洞悉誰才是問題的關鍵。

柴田和子認為有效率的做事方法，就是將已經建立的人脈圈子靈活用於企業集團之中。每個人總有親戚、校友和鄉親，可以從這些人脈圈子中開展自己的事業，而她也認為可以將這些人脈資源靈活運用於工作上。

前往企業行銷團體保險，是以企業的母集團為著眼點，只要與某企業集團旗下的公司簽下契約，則該公司所屬企業集團的人脈圈子也盡可囊括其中，可以迅速擴大自己的市場。

第五，人情練達造就成功行銷。

柴田和子絕不耽誤與別人的約會時間。她絕對不帶給別人不愉快。即使是自己的祕書，她也認為讓他在嚴寒或是酷熱的地方等候是不對的，如果要讓某個人受熱或受凍，她寧可自己來承受。

柴田和子說：「保險行銷要成功，必須要懂得體諒別人，即人情練達。」

行銷絕不是一個人唱獨角戲、一味埋頭苦幹。如何使對方打開心扉、使對方信賴自己，才是最重要的。要達成這個目的，就要能夠體恤對方，要有為對方著想的想法和做法。

柴田和子成功的祕訣：

(1)確立明確長遠的目標，並想方設法去達成它。

(2)時常站在客戶的立場考慮問題。

(3)像「愛的使者」一樣出現在客戶面前，用真誠打動客戶。

行銷就是築圈子

亞歷山卓．福特是MDRT有史以來最年輕的會員，連續十二年取得頂尖會員的資格。

亞歷山卓．福特能取得如此的成功，與他善於累積人脈圈子的能力是分不開的：

第一，開始於十二位客戶。

他知道僅僅這十二位客戶帶來的資源畢竟是有限的，無法創造輝煌的事業。這樣下去的結果只有一個——保險事業寸步難行。他想，「我有十二位客戶，那麼表示我這十二位客戶中的每一個客戶都有十二個朋友，假如這十二位客戶都願意為我轉介紹的話，那麼我就會有一百四十四位客戶。服務好這一百四十四位客戶之後，假如這些客戶都願意為我轉介紹的話，那我就有一千七百二十八位客戶……」

人以群分，人與人相處是以類別來交往的，也就是說以圈子來交往的。百萬富翁一般與百萬富翁在一起，億萬富翁一般與億萬富翁在一起。你的朋友跟你差不多。那麼，亞歷山卓．福特是如何讓這些客戶為他轉介紹的呢，也就是如何以圈子套圈子的？

(1)請客戶吃飯。亞歷山卓．福特的做法是請顧客吃飯，但他在飯局上從不談客戶的事情，只談自己的事業。

(2)重要的是提出要求。

(3)經典話術。「我發現不斷開發客戶很重要，但是，提升對您的服務品質更重要。為了更好的服務您，您希望我怎麼做？請介紹五位與您一樣成功、財富等值的客戶。」

第二，與其他的專業人士結盟，透過現有的客戶發展同盟關係。透過其中的一個客戶來發展同盟，比如可以跟會計師、律師結盟，因為會計師、律師身旁有許多非常有價值的潛在客戶。亞歷山卓就是與會計師、律師結盟，向會計師說：「我跟你的客戶也有生意上的往來，他建議我打電話給你，我請你幫忙轉介紹其他的客戶給我，我想把我的客戶也介紹給你。」

第三，開客戶交流會。

每過一段時間，都會在一個適當的時間——大部分是週末，邀請十五位客戶聚在一起，讓每個客戶說出自己的要求和需要幫助的地方。這種交流會，類似於說明會、講師會。被邀請的這些客戶都願意參加。

為什麼?因為，在這個交流會上會得到一些意外的收穫和幫助，可以尋找到許多的事業機會。

第四，與媒體合作。

無論是電視、報紙、廣播，都成為他擴大人脈圈子的載體或工具。媒體的力量是很大的，它可以創造你的人生，也可以毀了你的人生。亞歷山卓經常在電視、廣播上做嘉賓或是主持，在報紙上寫專欄，當然最後還會留下自己的聯絡方式。

第五，寫不平凡的信。

他寫信從不流於俗套，信寫得短少，一是祝賀對方取得的非凡成就，說他們有事業上的共同點，很想和對方見見面；二是在信的最後，寫上一句「我需要你的幫助」。亞歷山卓說：「這句話雖然平淡，但效果出奇的好，因為所有頂尖的成功人士在追求成功的路上，有許多的困難需要別人的幫助，也得到了許多人的幫助。他會懂得這句話的涵義。他會很樂意幫你。」

瞄準圈子，打造品牌

品牌的經營，是一項複雜、浩大而又艱辛的工程，這其中包括品牌的整體策略規劃、視覺形象設計、核心價值的提煉、品牌標識運用、品牌情景設計等一系列工作，這一系列的品牌塑造行為的終極目標，正是為了讓品牌在態勢上，由弱變強，而品牌終極目標的達成從根本上說是離不開品牌的真正擁有者——

消費者，也就是品牌圈子人員的參與。事實上，這一系列品牌行為能否成功落地，是功勞還是徒勞，全在於消費者。

因此，品牌打造的捷徑就是透過對市場研究來確定品牌的目標消費圈子，然後始終如一的瞄準它，瞄準品牌的圈子，然後再對品牌進行策略規劃和設計，以及對品牌進行測試和調性，這樣品牌的打造才會事半功倍，而不是事倍功半。因此，品牌打造的過程，對方法和路徑的選擇，比對品牌經營的埋頭苦幹更重要。

品牌的赤貧，技術的赤貧，讓愈來愈多的企業有了打造品牌的想法和努力，但在品牌打造的方法和手段上，我們的企業還需要不斷的探索和實踐，但任何市場中，消費者永遠是第一位的，因而經營好了品牌圈子，打造強勢品牌也就成功了一半。

圈子是個體資源與社會資源進行交換、整合、匹配的一個魔術方塊。最大限度的擴大圈子，掌握更多資訊、人脈、平台等各種資源，往往會取得意想不到的效果。從某種程度上說，圈子有多大，生意就有多大。

近年來，隨著 FB、IG 等資訊平台的迅速發展，人脈圈子從有限的實體發展到無限的虛擬，圈子的影響力比以往更強、更廣，也更直接。人們或主動參與，或被動捲入，推動了一系列政治、經濟、文化、生活等方面的進程，也創造了很多行銷佳話。

以往，網路對於人們來說可能是一些資訊的超連結，是許多工具的聯合體。人們個體的、碎片化的存在於網路上，並不能產生大量互動。而從現在開始，網路將是人的網路，那些資訊超連結、工具等都將臣服於人的主導力。網路對普通用戶更趨近於一個平台，人們你方唱罷我登場，在「演員」和「觀眾」的角色之間頻繁切換，產生千絲萬縷的連結。在這種情況下，透過網路改變溝通，圈子將會在網路的哺育下進一步擴大和豐富；網路溝通改變行銷，網路圈子在未來的行銷中將持續發揮巨大的作用。不同的圈子能鎖定不同的目標族群，從而實現精準行銷。

消費者網路化、圈子化的時代已經來臨，不管是純粹的消費者，還是一個產品或品牌的供應商，我們都會發現在自己消費行為發生的時候，我們都或緊或鬆的屬於某個具有明顯共同消費行為特徵或心理特徵的圈子。因此品牌打造就要瞄準圈子。

消費者圈子化的時代，發掘圈子對於品牌運作的意義，就在於其不同於一般的品牌大眾化運作。圈子品牌策略針對的是精準的圈子群體，具有準確、集中的特點，講究品牌的精確制導和實效性。

(1)圈子可以使企業準確的找到潛在顧客。

在圈子中，圈友的價值觀和消費偏好有共同之處，在圈子形成以及運行的過程中，會不斷吸引屬於自己人的圈友，同時潛在消費者也會透過各種管道主動尋找屬於自己的圈子。圈子甚至會自行過濾和篩選，把非潛在消費者排除在圈子之外。這種排除既有圈友的主動為之，也有既定圈子所形成的圈子文化，是非圈子人員不可逾越的心理屏障，他們會自動遠離這個圈子。

(2)圈子可以使品牌成本投入更具價值。

常規的大眾品牌運作，透過全覆蓋或大面積傳播來獲取品牌效應，這需要大規模的品牌投入。圈子品牌策略則可以使企業針對有品牌消費經歷和潛在品牌消費者進行品牌傳播，這樣的策略具有更高的CP值。

(3)圈子有利於鎖定品牌的老顧客。

開發一個新顧客的成本遠遠高於維護好一個老顧客的成本，圈子品牌策略提供了一個全新的思維和操作模式。企業可以透過參與自生型品牌圈子的建設、維護、服務，融入品牌圈子，也可以自建品牌圈子，吸引消費者加入，由此提供一個顧客消費行為發生後的精神家園和交流場所。

(4)圈友是品牌的義務維護使者。

從消費者定位上來講，圈友往往是品牌的忠誠者，他們會樂於充當品牌的宣傳員，自發在圈子中傳播品牌的好消息，並且會和大家分享自己愉快的品牌使用經驗。當有新人進入圈子對該品牌進行攻擊的時候，忠實的圈友會向他們解釋，甚至會進行針鋒相對的還擊，以捍衛該品牌。如果在確定新人是帶有敵意時，圈子中的執法者會毫不猶豫的把對方趕出圈子。

(5)圈子有時是鮮活且及時的消費調查研究管道。

圈友會交流自己的消費經歷，包括愉快的和不愉快的。圈友會結合自己的認知、運用經歷來發表評論，這其實就在一定層面上代表市場對於該產品的接受度。同時，有使用經歷的圈友會在圈子中分享自己的消費經歷，尤其是當產品存在考慮不周或瑕疵的地方，細心的圈友會一一道來，甚至很多是產品設計者都沒有想到的，這都為我們更好的優化自身產品提供了支援與幫助。

鎖定圈子，建設品牌

對於認同並且計劃採取品牌圈子策略的公司，很重要的一個環節是要發現自己品牌的圈子棲身何處。這不僅有利於尋找和發現自身的品牌圈子，而且也為後期在哪裡建設自己的品牌圈打下基礎。

一、傳統媒介。

作為最為人熟知的媒介載體，這一管道已經形成了一個數量龐大而穩定的受眾群。

二、網路。

遍布全球的大大小小的網站為人們提供了一條便捷的、無空間限制的社交管道。同時各網站定位的不同，也使人們的群體歸屬充分遵循了「物以類聚、人以群分」的規則。

三、「**第三場所**」。

即除了家庭、工作（讀書）兩個場所之外的咖啡廳、健身房、俱樂部、體育館、茶館、高爾夫球場、風景區等場所。圈友的聚會、交流一般都會選擇在這些地方，並且這些地方往往可以提供與家庭關係相當，甚至更為有力的社會和情感支援。由於避免了網路匿名可能帶來的違反社會秩序的行為，因此圈友的交往更深入，關係也更牢固，而品牌在圈子中的影響也會更具實效，這也是為什麼很多企業在建立品牌圈子的時候會不斷推出線下活動的根本原因。

四、圈友的心智空間。

這個場所完全有別於上述三個物理場所，它不是一個有形的場所，而是在每一個圈友的心中。甚至這個圈子中的圈友從不會聚會、碰面，也互不認識，但是他們有屬於自己的資訊溝通符號或者密碼。只要看到這一點，他們就知道對方是自己人、圈內人。比如熱愛運動的年輕人聚在一起，大家並不會因為可口可樂而組建一個圈子，但是當看到對方手中像自己一樣，拿著一瓶紅色的罐裝可樂，「自己人」的概念立刻在潛意識中出現。

網路圈子與行銷

隨著網路的發展，網路讓人們生活的範圍越來越大，也讓人們的距離越來越近，溝通的形式也越來越簡單，物以類聚，人以群分。有共同喜愛和理想的人們透過網路這個平台工具聚集在一起所形成的小範圍組織就是圈子。朋友之間的信任程度，要遠遠高於明星代言人，或者一條廣告，聰明的商家善於利用網路圈子的優點進行行銷，網路圈子成為了現代企業行銷的一種模式。

網路圈子行銷的影響力是很大的，有時甚至可以左右消費的購買行為。現在很多人要購買一個產品，都會上網搜尋資訊，有很多消費者都會到各類論壇上去尋找其他人的使用感受等，因此，各種由網友自行組建的圈子就成為了這些資訊的聚合點，而這些資訊不僅對於圈子內的人產生影響力，對於圈子外的目標客戶影響力也是很大的。按照大眾行銷做廣度，小眾行銷做深度的原則，圈子行銷最重要一點就是做深、做透。

企業做網路圈子行銷，可以從以下幾個方面來做：

(1)自己組建圈子，做好線上交流與線下的各類活動。

比如某些汽車品牌組建品牌車友俱樂部，透過俱樂部的論壇、部落格、LINE群組等方式經常進行交流。透過線上交流，線下交友、出遊活動，擴大了品牌知名度，並同時影響到了更多潛在客戶，對擴大銷量起到了極大促進作用。自己組建圈子除了要做好線上交流與線下活動，同時還要強調擴大圈子影響力和實際的服務工作，因為圈子影響力大小對最終實現行銷的效果起到至關重要的作用，而且，圈子不一定都是正面資訊，如果服務不到位，負面資訊擴展會更快。

(2)與目標圈子群體進行合作，支持和贊助圈子活動，或製造正面的話題讓圈子成員廣泛參與。

企業除了自己組建圈子外，還要與目標圈子進行廣泛的合作，支持並贊助這些圈子舉辦活動，同時做自己的有針對性的客戶行銷。例如有些戶外運動裝備企業，他們就經常與各種登山、野營的團體、「背包客會」等組織合作，透過他們所組建的圈子，找到很好的資訊傳播和行銷的管道，並透過經常性贊助活動，擴大了品牌知名度，同時取得很好的行銷效果。

(3)與部分圈子中的意見領袖合作，透過意見領袖傳播品牌價值。

每個圈子都有至少一兩個意見領袖，企業不能忽視這些意見領袖的作用，必要時可以和這些意見領袖進行合作，他們在某些網路論壇發表對於產品和產品使用的基本資訊以及使用經驗和感受等，以實現低成本的行銷。

(4)建圈子資料庫，做精準客戶行銷。

圈子行銷是一種很精準的行銷工具，我們身在圈子其中，由於同屬某一類愛好族群，就很容易取得他人信任，並建立連結。

品牌行銷建圈的四大途徑

如何建立品牌行銷的圈子對品牌的發展至關重要，我們可遵循以下途徑：

一、自建圈子與共建圈子

即使很多實力並不強大的品牌，也想自己建設品牌圈子。這裡依然有控制圈子的思維在作祟。雖然我們要建設的圈子是「品牌的圈子」，但本質上它並不是公司的資產，它只屬於消費者，屬於圈友。自建只有一種情況，即公司建好了品牌圈子的雛形，但把管理的權力交給圈友。

與消費者共建品牌圈子是很多聰明的企業的做法。比如當 BMW 發現圈友在某個網站建設了 BMW 的圈子，當地的經銷商會安排工作人員以共建人的身分加入到該圈子中，協助圈子的建設，支持圈子的一些活動。如果在某個知名的網站還沒有建設 BMW 的圈子，BMW 會建好圈子，並邀請在 BMW 圈子中有影響力的圈友來共建此圈。甚至你還會發現，有的圈友居然成了 BMW 的員工，甚至經營起 BMW 的相關產品，這不能不說是共建圈子的奧妙。

二、單建圈子和聯盟建圈

單建或聯盟沒有對錯，企業要根據現實的情況和目標來自主選擇。沃爾瑪始終堅持單建品牌圈子，由企業主導，組織員工持之以恆參與社區建設，共建鄰里關係。而西門子則為我們提供了聯盟建圈的最佳範本。有一句廣告語很多人都聽過——開 BMW，坐賓士，家用電器西門子。這曾經在西門子的廣告中多次出現。西門子使自己在品牌、品質、技術認知方面，和 BMW、賓士兩大品牌並列站隊，進入到 BMW 和賓士的消費者圈子，把 BMW 和賓士的客戶一網打盡，成為這些客戶購買電器的首選。

三、先做品牌還是先做圈子

企業自身的品牌已經做得很好，有一群忠實的消費者，建設圈子會相對容易一點。但是圈子的建設並非一定要建立在品牌的高知名度和較大的影響力上。反而，圈子的建設對於品牌的發展有著很大的推動作用。

四、偶像與消費群體

選擇以偶像或意見領袖作為建設品牌圈子的策略，是很多公司取得成功的方法之一，而如果能和消費群體結合、形成互動，則可以達到事半功倍的效果。比如NIKE在選擇明星代言的時候，其邏輯不是靠明星的光環效應來帶動品牌，而是讓品牌來成就明星。從大名鼎鼎的喬丹開始，到柯比、華萊士、奈許、詹姆斯等等，NIKE一直在傳播的一個理念就是：他們因穿NIKE而強大，你同樣可以因穿NIKE而成為更強者，大家都來穿NIKE！NIKE的做法不是僅僅靠明星來帶動品牌，而是透過品牌傳播的理念，把龐大的消費者群發動起來，形成品牌的圈子效應。

正確的品牌圈子建設策略，會形成龐大的忠實消費群體，不僅是對公司品牌發展的有力支持，更可以增強品牌的銷售驅動力，降低企業的行銷成本。無視品牌圈子建設或錯誤的建設心態和行動，會導致企業在圈子行銷中越走越遠，直至喪失競爭的優勢。

企業要注重圈子行銷

圈子消費，就是指從出身、學識、經歷、地位、收入到興趣、愛好、志向以及消費習慣等諸方面都具有驚人一致性的某個特定群體；把「圈子」與「行銷」這兩個概念相結合，進而演變成為一種廣受認可的行銷新方法——「圈子行銷」。

每個消費者分布在不同的圈子裡面，而之所以會成為圈子，也因為圈子裡面的人具備某些同質性，或共同的愛好，或共同的利益，或共同的品味，或共同的目標。圈子的消費行為及其意見都影響著行銷。

一個企業的品牌和產品鎖定的目標群體，一定是某個「圈子」的人群，只不過有時候這個圈子是真實的，有時候這個圈子是虛擬的，例如戶外旅遊和運動裝備的目標群體很大一群就是那些各種登山的團體、協會、「背包客會」等組織，因此，企業不僅要研究客戶群，還需要關注客戶的圈子，找到目標客戶群體生存的各類圈子，就可以找到很好的資訊傳播和行銷的管道，利用圈子之間的人際互動來進行行銷。

另外，一個圈子由於在偏好、興趣追求等方面的共同性，也同樣影響到他們在品牌選擇，消費行為上的某種同質性，例如企業家圈子，對於一些高級的休閒活動，高級的品牌就會有共同的偏好。挖掘和了解企業家圈子裡面這些人的喜好，能夠更好的對產品和品牌的訴求點進行定位。

第七章 經商，就要「圈裡圈外」

經商，就要「圈裡圈外」。經商首先要把自己放在圈裡，要熟悉你圈裡的人、熟悉你圈裡的事，熟悉得越多，你知道的資訊就越多，你經商就會得心應手；但也要會跳出圈子，走出圈外，去涉足不同的圈子，就會結識不同圈子的人，你的人脈圈子廣了，也就不擔心賺不到錢。

經營生意，就是經營圈子

各色人等也就生活在各種各樣的圈子中。圈子是什麼？圈子，是一種文化，一種時尚，同時，也是一種價值，一種人脈。

圈子之交不要淡如水，必須植入華人商道最核心的價值觀——做生意先交朋友。某物流公司的執行長劉先生是某商學院的長期「留級生」，一個接一個上了四五個總裁班。生意再忙，出差再遠，當學生上課或聚會時，必定會準時趕過來：第一件事就是分發名片，第二件事是修改、補充通訊錄，然後珍而重之的收好。

如果你不理圈子，圈子也不會理你。劉先生正是衝著拓展人脈、尋找商業機會而來的。因此，無論組織「圈友」互訪、飯局、自駕遊，還是打高爾夫、帆船會、紅酒品鑑會，只要是能使圈子效應最大化的活動，劉先生都非常熱心。他說：「圈子是協同，是合作，只有分工不同，沒有你我之分。華人文化強調商業中的情感因素，同一個圈子不是親人勝似親人，能給對方一種尊重的感覺，從而在商業交易上產生默契效應。」人脈經營的付出總會有豐厚的回報，如今，很多「同學」、「圈友」已成為劉先生的客戶或合作夥伴。

同樣作為商學院 MBA 班學員，某技術研發中心總監于先生認為，圈子往往是一個身分和財富對等、知識結構和價值觀相近的人的特殊群體。你是誰不重要，重要的是，要讓自己在圈子裡活躍起來，時時讓圈子的人感覺你的存在，覺得你很有分量。這是財富菁英的成功經驗。

在于先生看來，高級圈子的高門檻不只是彰顯身分，更是為了高效交流。比如：由最具影響力的商業領袖、經濟學家和外交家發起成立的企業家俱樂部，其入會門檻為企業成立五年以上，年營業收入兩百五十億，入會費超過兩百五十萬元。當高級圈的入場券因昂貴、「會當凌絕頂，一覽眾山小」的境界可望不可及時，不妨轉身推開另一扇門，走進與工作和事業切切相關的圈子，充分經營其人脈資源。

有圈子才能有錢

史丹佛研究中心曾發表過一份報告：一個人賺的錢，百分之十二點五來自知識，百分之八十七點五來自關係。什麼是關係？關係即我們提到的人脈。人脈雖然不能直接轉化為財富，但它卻是一種潛在的無形資產。窮人不知道累積人脈的重要性，從來不會去為此投資，而富人卻時時刻刻傾力打造自己的人脈圈子。這也就是富人越來越富，窮人越來越窮的一個重要原因。

窮人要想富裕起來，就要先讓自己的門前熱鬧起來，讓自己的人脈資源豐富起來。交往的對象不再只是窮人，更重要的是要交富人。

社會上有這麼一種人：他們能力超群，見解深刻，才華橫溢，本來可以飛黃騰達，卻偏偏過著清苦的日子。這是為什麼呢？這些人雖然有才華，卻也恃才傲物，認為自己比別人優秀，是不可或缺的人才，因此狂妄自大，不能很好的與周圍的人相處。就這樣，他們因為沒有人脈，最終連才華都被埋沒了。

所以我們說，沒有人脈資源的從旁協助，光有才華也是不能發財的。要想財源廣進、飛黃騰達，還是需要靠人脈取勝。

李剛大學畢業後，應聘到一家報社廣告部工作。工作期間，他時常接觸到一些大客戶。他在為他們發想創意或爭取版面時很賣力，從來不偷懶，而且經常還會徵求他們的意見，這些客戶對他的態度很滿意，久而久之便成了朋友。

一次，李剛在與這些大客戶交談中，透露出了自己的心思，想自己出去闖闖，自己當老闆，這些客戶一致同意他的意見，並鼎力相助，李剛創業一帆風順。成功後的李剛真正體驗到了人脈的益處。

有人脈就等於有財脈！世界首富比爾蓋茲經常被問到，如何成為世界首富？他每一次的回答都是，因為我請了一群比我聰明的人來幫我工作。由此可見，一個人的成功並不取決於他自己的才華，而是取決於他借助別人的力量才能變富。富人為什麼會越來越富，因為他們懂得如何憑人脈「圈」富。

成功的人們大多喜歡廣交朋友，形成了自己的「圈子」。這種關係圈子由各種不同的朋友組成，有過去的知己，有近交的新朋友，有男的，有女的，有前輩，有同輩或晚輩，有地位高的，有地位低的，有不同行業的，有不同特長的，也有不同地方的……這樣的圈子，才是一個比較全面的圈子，也就是說，在你的圈子中，應該有各式各樣的朋友，他們能夠從不同的角度為你提供不同的幫助。

人們喜歡跟他們喜歡的人做生意，而且願意幫助他們喜歡的人。也就是說，只要你人緣好，有自己的圈子，那麼你就能夠迅速的走向成功。

老查威克是個非常成功的生意人，他擁有一間非常著名的房地產公司。年老後，他決定把生意交給有生意頭腦的小兒子打理，自己則去地中海享受溫暖的陽光。在臨行前的那一段時間裡，他安排了大量的聚會，不停的為小兒子介紹自己認識的朋友、夥伴。對此，他的兒子很不理解：「爸爸，您不是應該抓緊時間把您成功的祕訣傳授給我嗎？為什麼整天介紹你的那些朋友給我呢？」「我的孩子，你完全沒有弄懂我的這番苦心，」老查威克回答說，「我現在就是在向你傳授我的成功祕訣！我敢說在這個州裡，沒有哪個人擁有像我這麼多的朋友，這些朋友就是我最寶貴的財富。從年輕時起，我就很注意培養人緣，努力打造屬於我的圈子，因為我相信良好的人際圈子和成功是密切相關的。我的朋友裡有達官顯貴、有學者、有生意場上的搭檔，甚至對手，還有很多不起眼的小人物，這些年來，他們給了我許多幫助：當我還是個毛頭小子時，是公司裡的一個前輩鼓勵我自己開公司；我的朋友文迪亞借了我一大筆錢；前任林業官為我介紹了第一筆生意；我的公司一度瀕臨破產時，是建築商法蘭克．貝特挽救了我……總之，如果沒有他們我就無法成功！我的孩子，現在我把他們介紹給你，希望你能夠珍視這筆財富。當然，更重要的是，你也要像我一樣努力打造一張適合你的關係圈，把事業做得更成功。」

老查威克的成功祕訣也是很多人的成功祕訣，成功者大多是擁有龐大關係圈子的人。

打造一張關係圈子最大的好處就是，你可以因此擁有許多機遇。交往越廣泛，遇到機遇的概率就越高。有許多機遇就是在與朋友的交往中出現的，有時甚至是在漫不經心的時候，朋友的一句話、朋友的幫助、朋友的關心等等都可能化為難得的機遇。在很多情況下，就是靠朋友的推薦、朋友提供的資訊和其他多方面的幫助，人們才獲得了難得的機遇。

因此，從這個意義上說，交往廣泛，機遇就多，不可急功近利，有許多機遇是在交往中實現的，而在初步交往中，人們很可能沒有看到這種機遇，在這個時候，不要因為沒有看到交往的價值，就冷漠這種交往。誰知道與誰的交往會帶來很大的機遇呢？

有的人可能會覺得自己社交面太窄，認識的人太少，實際上，你的「圈子」遠比你意識到的要廣大得多。你實際擁有的圈子延伸到了你每天都有聯絡的人之外，更多的聯絡包括你與之共同工作和曾經一同工作過的朋友，以前的同學和朋友，你整個大家庭的成員，你遇到過的孩子的父母，你參加研討會或其他會議時遇到的人，這些人都會是你的圈子成員。你的圈子成員還包括那些你在圈子中認識的人，以及與他們有聯絡的人。只要你能努力處理好與他們的關係，你就一定會找到成功的機會。

每一個成功者的背後都有另外的成功者，沒有人能憑藉自己一個人的力量達到事業的頂峰。所以，從現在開始，你就要努力的打造人脈，吸收大量對你有幫助的人，構建有助於你的事業的關係圈子。

經商要會利用不同的「圈子」

很多人只知道比爾蓋茲今天真正成為世界首富的原因，是因為他掌握了世界的大趨勢，還有他在電腦上的智慧和執著。其實比爾蓋茲之所以成功，除這些原因之外，還有一個關鍵的因素，就是他善於利用不同圈子來成就輝煌。

比爾蓋茲創立微軟公司的時候，還是一個年輕的大學生，但是在他二十歲的時候，簽到了一份大單。

假如把行銷比喻成釣魚的話，是釣大鯨魚，還是釣小魚比較好呢？回答肯定是大鯨魚。因為釣到一條大鯨魚可以吃一年，但釣小魚的話得天天去釣。比爾蓋茲在二十五年前創業的時候，就了解了這一點。他一開始就釣了一條大鯨魚。

比爾蓋茲利用不同的人際圈子來開拓自己的事業。

(1) 利用自己親人圈子

他二十歲時簽到了第一份合約，這份合約是跟當時全世界第一強電腦公司——IBM 簽的。當時，他還是一個在大學讀書的學生，沒有太多的人脈資源。他怎能釣到這麼大的「鯨魚」？可能很多人不知道。原來，比爾蓋茲之所以可以簽到這份合約，中間有一個仲介人——比爾蓋茲的母親。比爾蓋茲的母親是 IBM 的董事會董事，媽媽介紹兒子認識董事長，比爾蓋茲就輕輕鬆鬆的簽到 IBM 這個單子，這為他以後的順利創業寫下了厚重的一筆。

(2) 利用同行人脈圈子

大家知道比爾蓋茲最重要的合夥人——保羅．艾倫及史蒂芬。他們不僅為微軟貢獻他們的聰明才智，也貢獻他們的人脈資源。

(3) 利用國外的圈子

發展國外的朋友圈子，讓他們去調查國外的市場，以及開拓國外市場。

比爾蓋茲有一個非常好的日本朋友叫彥西，他為比爾蓋茲講解了很多日本市場的特點，為比爾蓋茲找到了第一個日本個人電腦專案，以此來開闢日本市場。

(4)利用智慧人的圈子

僱用非常聰明、能獨立工作、有潛力的圈子人來一起工作。

比爾蓋茲說：「在我的事業中，我不得不說我最好的經營決策是必須挑選人才，擁有一個完全信任的人，一個可以委以重任的人，一個為你分擔憂愁的人。」

客戶圈子是你的財源

客戶就是你的財源，只有把客戶圈子經營好，維護好，你就不擔心賺不到錢。

博恩．崔西是世界一流的潛能大師，一流的效率提升大師，一流的銷售教練。他的書籍被翻譯成多種文字，他的訓練幫助了成千上萬的人提升業績。

他是如何做到這些的呢？

(1)在客戶身上投資更多的時間，花更多的時間與顧客待在一起，為顧客設想，與顧客建立商業上的友誼。

博恩．崔西在和客戶相處的時候，他絕對不會急著趕時間。他要向人表示，他願意花足夠的時間去幫助顧客做出正確的購買決定，他絕對不會對顧客沒耐心。

(2) 真誠的關懷客戶。

你越關懷你的客戶，他們就越有興趣和你做生意。關懷的感情因素是那麼的強烈，往往使得價格、相對品質、交貨效率、公司在市場上的規模，都敵不過它的威力。一旦客戶認定你是真正關懷他和他的處境，不管銷售的細節或競爭者怎麼樣，他都會向你購買。

(3) 尊敬每一個他所遇到的人。

常言道，一個人有所為有所不為，都是為了博得你所重視的人對你的尊敬。一個人的驕傲、尊嚴、自我肯定，大部分都來自於受到別人的尊敬程度。你越在意別人的意見，別人對你的尊敬程度就越會影響你的行為。

每當我們感受到別人的尊重，我們就會對那個人特別重視。假如有人尊敬我們，我們就會認為那個人比較優秀，比較有判斷力，比較有內涵，而且個性也比較好。

(4) 絕不批評、抱怨或指責顧客。

絕對不要站在你的立場上批評任何人或任何事，不要惡言相向或批評你的競爭者。每當你聽到別人提起競爭者的名字時，只要微笑的說：「那是一間很不錯的公司。」然後就繼續做你的產品介紹。假如有人告訴博恩．崔西，他的競爭者是如何批評他，他只會一笑置之。

(5)毫無條件的接受。

希望能夠被他人毫無條件的接受，是所有人最重要的需求之一。你只需要用微笑，並且表現溫和友善，就可以表達你接受他人的態度。一般人都喜歡和那些能夠接受他們本性的人在一起，而不想受到任何評判和批評。你越能夠接受別人，他們就越願意接納你。

(6)贊同。

每當你稱讚並同意他人所做的任何事，他就會感到快樂會變得更有精神。他的心跳會加快，會覺得自己很棒。當你在每個場合都竭力找機會對他人表示讚揚及同意的時候，你就會成為到處受人歡迎的人物。

(7)感謝每一個幫助過你的人。

不管你感謝任何人所做的任何事，都會讓彼此的自我肯定上升。你會讓他覺得自己更有價值也更重要。

你一定要養成隨時感謝他人所作所為的習慣，尤其要向那些會讓你期望的好事連連不斷發生的人，表達感謝之意。

(8)羨慕。

每當你羨慕一個人的成就、特質、財產時，就會提高他的自我肯定，讓他更得意。只要你的羨慕、贊同、感謝都是發自內心，別人就會因此而得到正面的肯定的影響。他們對你產生好感的程度，會相當於你讓他們對自己及生活感到的滿意度。

(9)絕不與顧客爭辯。

你只要別跟客戶爭辯就好了。不管客戶說什麼，你只要點頭、微笑，並且欣然同意。顧客喜歡和與自己英雄所見略同的人打交道，他們不喜歡和囉嗦的人相處。甚至當客戶明顯犯錯時，他還是討厭你把他的問題揪出來。把眼光放在建立關係上面，以建立關係的利益來考量。

(10)集中注意力，傾聽顧客在說什麼。

當客戶在說話時，你把注意力集中在他的身上，就是對他最大的恭維。你讓他覺得自己很有價值，而且很重要。

你的任務就是成為一個人際關係高手，成為一個人際關係專家。你的任務就是去成為一個在行業中最好、最有人緣的人。只有形成自己的圈子，才能人脈變財脈，生意才能一帆風順。

人才圈子——做大企業的保證

有了好的人才幫你打拚，你會省力。擁有人才是一個企業成長茁壯的保證，只有善於挖掘、利用人才，借助他們的能力和才幹才能把企業做好。

企業老闆，發現企業中的優秀人才，把他們放到合適的位置上，這樣才能充分發揮人才的作用，形成企業最大的競爭力。儘管現在很多企業的管理者都意識到了人才的重要性，也開始想盡辦法去網羅人才圈子，但並不是每一個管理者都能夠很好的識人、用人。為了能夠在企業中聚集起一批促進企業發展的優秀人才，管理者就要能夠慧眼識人。

有這樣一個故事：

清朝時，杭州有個商人叫石建，他認為經商依靠的是天時、地利、人和，而在這三者之中，又以人和最為重要。於是，當他決定擴大經營規模時，首先想到的是招聘一位好幫手。怎樣才能找到理想中的人選呢？石建想了一個妙招。他先貼出一張布告，說明本店招收徒弟，並列舉了具體條件。經過一番考察，石建確定了三個面試對象，說好三者取其一。

到了面試這天，三位候選人一進門，石建便安排他們到廚房去吃飯，然後再面談決定誰留下。

當第一個面試者飯後來到店前時，石建問他：「吃飽了沒有？」回答說：「吃飽了。」又問：「吃什麼？」回答說：「餃子。」再問：「吃了多少個？」回答說：「一大碗。」石建說：「你先休息一會兒。」

第二個面試者來到了店前，石建問：「吃了多少餃子？」回答說：「四十個。」石建也叫這個人到旁邊休息一會兒。

當石建以同樣的問題考問第三個面試者時，他這樣回答：「第一個人吃了五十個，第二個人吃了四十個，我吃了三十個。」聽了這番回答，石建當場拍板，第三個人留下。

石建為什麼要留下第三個人呢？他認為第一個人頭腦不靈，只管吃，不計數；第二個人只記自己，不管他人；唯有第三個人，既知自己，又能注意觀察別人，而這一點正是生意人必須具備的眼觀六路、耳聽八方的潛能。果然，第三個人被僱用後精明能幹，有頭腦會經營，很快成了石建的得力助手。

如何識別好人才？運用傳統的選人方法，是不能在當今經濟高速發展的社會中，找到合適的人才的，那些舊有的選人制度，已經相當程度的制約了企業的發展，那些只是填表、面談、看檔案就能試用的人，是不會為企業帶來新鮮「血液」的，同時，舊有的選人制度也忽略了人才的實用性。所以，要想真正的為企業找到人才，就必須有一套科學的選人方法。

為了選擇到正確的人選，應該遵循以下步驟：

(1) 進行工作分析和工作者分析

現在企業，並不是老闆自己說了算，企業內部的職能部門已經細分化，對於招聘和招聘什麼人，不要那麼盲目，而是要有計畫的進行。它們會進行工作分析，以確定需招聘人才的知識技能和職責，以及需要幾個人。而應聘者對所應聘的工作內容，也要有針對性的認識。

(2) 進行招募工作

人才招聘的手段有很多種，常見的有刊登廣告、透過人才交流會、獵頭公司或就業機構去招人，招不同水準的人才要用不同的方式，以避免不必要的浪費。這裡面關鍵是在招募時，雙方都會不自覺的說謊：應聘者希望給別人好的印象，而誇大自己的才能；企業為了吸引人才，把工作前景描繪得很美好。結果到了實際工作中，雙方都會產生失望情緒，人員流動率就會增加。因此，公司還不如把自己公司的優點缺點如實告訴應聘者，那麼聘用的人員，很少有人不滿意。

(3)把握住選人的環節

有一位公司經理想招一個助理，人事部門選出五位候選人，都是大學畢業，各有才能，經理就有些眼花，不知該選哪一個好。心理學家幫他設計了一套面談程序，其中要問他為什麼要離開原來的公司而到本公司來，能為本公司帶來什麼財富，過去有過什麼成功經驗和失敗教訓，將來有怎樣的個人計畫等等，還為他提了一兩個工作案例，要他提出解決方案。透過這些方法，你可以了解到應聘者在處理事和人的能力方面，有什麼潛在的能力，有怎樣的抱負等等。除了面談以外，選人技術還包括智力測驗、性格測定、各種能力評估（案例法、角色扮演、情景模擬、無主管討論和資料處理等），可以根據企業的需求來設計內容。實施選人技術前，要對主試人員進行專門的培訓，即使是面談也需要很高的技巧。例如要了解一個人過去的工作經歷，可以提以下一些問題：

你畢業後做的第一項工作是什麼？

你畢業後總共做過幾項工作？

你認為你在哪件工作中取得了哪些主要成績？
你在什麼事上處理得不好？而又有哪些事為你進一步發展提供了機會？
在那些工作中，你對自己有了什麼了解？
你感到哪件工作中的哪些方面最令你滿意？
還應該指出的是，我們在選人時，很容易去找最好的人，實際上應該去找最合適的人。一個優秀的老師，不一定是合格的校長。管理領域有個規律性現象：一個人在某個位置做得好，不一定要提拔到更高位置，否則就會不稱職，而降職又非常困難。所以，人盡其才是把人才放在最合適的位置上，這樣對企業和個人都有益。

(4) 採取正確的步驟

各個公司的規模不同、生產技術特點不同、招聘規模和招聘人數不同，因此，各公司挑選員工的繁簡也就不同。但一般來說，挑選員工可按以下步驟進行：

①把收集到的有關應招者的情報資料進行整理、彙總、歸類，製成標準格式。
②將應聘者的情況與工作說明書、工作規範及公司的要求進行比較，初步篩選，把全部應聘者分為三類：可能入選的；勉強合格的；明顯不合格的。
③對可能入選者和勉強合格者再次進行審查，進一步縮小挑選範圍。這項審查工作可由管理人員或

人事部門來完成。

④對透過審查的應聘者進行筆試、面試及心理檢測。

⑤依據考試檢測的情況，綜合考慮應聘者的其他條件，做出試用、錄取決定。

⑥對每個應聘者，不論錄取與否，公司都應下書面通知。

同行圈子——你學習的榜樣

現代社會已經進入了資訊時代，掌握了資訊，就等於掌握了市場，掌握了主動。資訊的閉塞，就可能使人貽誤戰機、遺憾終生。廣泛結交同行圈子的朋友，借助他人獲取自己所需的資訊，也是取得事業成功的重要手段。

某市為了促進當地經濟的發展，特意每月舉行一次廠長經理交流會。在交流會上，各廠長經理相互探討交流企業的管理經驗，研究學習科學的管理方法，相互學習企業的經營之道，同行企業慢慢形成集團式公司，在集團公司內又相互交流資訊，共同開拓市場，結果在一年內，全市工業生產猛增，工業利稅是往年的兩倍多。

同行是我們學習的榜樣，有競爭才能有發展，我們要學會在競爭中學習。要想真正理解競爭的意義，要想更快的進步，只有和同行高手過招。也只有在與高手過招的過程中，你才能發現自己的不足，發現自己的缺陷。這樣，你就會注意克服缺點，以彌補自己的不足。和同行高手過招，而且應該勇於挑戰高手，你才能成為贏家。

第二次世界大戰以後，百事可樂公司一直與同行的可口可樂公司進行著激烈競爭，雖然百事可樂公司有了一定的知名度，但和可口可樂公司相比還是有一定差距。儘管如此，百事可樂卻一直拿可口可樂公司作為自己的對手，所以，百事可樂不敢掉以輕心，生怕有一個閃失，就被可口可樂吞噬掉。因此，每一分每一秒，百事可樂都在關注著可口可樂的一舉一動，同時，積極尋找發展壯大的途徑。

當時只是一名百事可樂推銷員的唐納德．肯特發現，儘管可口可樂已在市場上稱霸多時，但仍然有許多國家和地區還是「真空地帶」，尤其是在前蘇聯，應該有百事可樂施展的廣大空間。因此，肯特一直在動腦筋，開發前蘇聯市場。

一九五九年美國博覽會在莫斯科召開。當時任美國副總統的尼克森與肯特的私人關係很好，肯特利用這種特殊的關係，請求尼克森在博覽會上想辦法讓蘇聯總理赫魯雪夫喝一杯百事可樂。果然，在此後的記者招待會面前，赫魯雪夫手拿百事可樂瓶，一副非常滿意的表情，任記者拍照。此舉對於百事可樂公司來說，無疑是一個影響力最大的廣告，百事可樂終於在這站住了腳。並在世界上成為了和可口可樂並駕齊驅的知名品牌。

百事可樂之所以能從無名小卒到與同行可口可樂平分天下，就是在競爭中不害怕對手，勇於和同行高手挑戰的結果。

由此可見，無論一個人還是一個企業，只有勇於挑戰同行高手，才會加速你前進的步伐，只有善於與同手高手學習，才能增強自身能力。而那些和低於自己水準的對手較量，就永遠不會前進，因為即使你贏了，也只不過還在原地打轉。

打通周邊圈子，去找關鍵人物

在生意場上，有時候希望渺茫，你不妨先與對方周圍圈子的人交朋友。然後，再靠這個圈子做「內應」，深入內部，找到了關鍵人物，往往事情就能辦成。

邵先生在代表日商談判合約價格時，深懂其中的技巧。

邵先生首次代表日商與一家五金公司洽談鎢砂的購銷業務。大神公司滬辦派邵先生登門，意在徵詢試探。他走進這家公司的業務科，見四處胡亂堆著雜物，每個人都在忙著自己的事情，卻沒有一個人接待他。

邵先生掏出香菸抽了幾口，才被告知科長不在，繼續遭冷落。過了一會兒，一個打完電話的年輕男子有些不好意思了，上前答話。

邵先生極想透過這個男子促成交易，盡力把涉及到的雙方利益全都說得清清楚楚，鉅細靡遺。

男子又笑了笑說：「不要講那麼多，生意成不成對你關係很大，對我沒有一絲一毫的好處，我不會多拿一分錢的獎金。」

為了等待可以作主的科長回來，邵先生就與男子閒談起來。話題慢慢的由電影扯到歌星，邵先生說自己認識香港某著名歌星的經紀人，男子立刻來了精神，稱讚邵先生「頭腦靈活」。邵先生明白男子的意思，當即拍胸脯許諾：下午就送幾張這個歌星舉辦演唱會的門票來。這一招竟使男子有些眉飛色舞了。

邵先生雖沒有弄到歌星演唱票的門路，但講信用。他高價買了十張門票，再送回五金公司業務科。男子驚喜極了，大家也開始重新認識邵先生。於是，熱氣騰騰的香茶端來了，親切的臉龐湊近了，大家不再把他當成外人。

「慢慢來，跟我們公司做生意，總是開頭難……」男子勸慰先生。

其他人也七嘴八舌的告訴邵先生：「只要能跟我們業務科搭上線，這樁生意隨便你怎樣做，公司上層沒有一個懂業務，關鍵是讓他們願意跟你做買賣。」邵先生當即掏出十幾個一次性進口打火機分送給每個人，請求幫助。

業務科的人替邵先生出謀劃策了：「只要邵先生把日本老闆帶到公司裡來，公司高層就不得不出面接待，到那時大夥幫著說說，再特別強調一下你們商社是我們公司的老關係戶，成交就不困難了。」

果然公司高層見到了日本人，表現出極大的熱情，雙方拍板成交用了不到一個小時。

邵先生成交生意就是從打通周邊圈子開始，一步一步順藤摸瓜找到了關鍵人物，從而輕而易舉的做成了生意。

媒體圈子——做生意必知的公關技巧

現代社會是一個媒介社會，做生意與媒體打交道已經是越來越頻繁了，與媒體打好關係，憑藉媒介之力宣傳自己或產品已經成為生意人常採取的手法，因此，懂得一些與媒介打好關係的技巧是十分必要的。

一般經商當老闆的人都很少與新聞界打交道，但如果你的生意做大了，或做出了突出貢獻，那麼，就一定有媒體記者來採訪你。任何一個經商者如果忽略了電視、廣播和報紙在未來事件和大眾形象中的影響作用，那無疑是錯失了將生意發揚光大的最好機遇。新聞媒介可以幫助你在競爭中脫穎而出。因此，任何企業的生意人，都應重視打好與新聞媒體圈子的關係。那麼，如何與新聞媒介打交道呢？以下幾點可供參考：

(1)直奔主題

只有那些和新聞媒體打交道經驗很少的人，才會期望那些編輯、記者放下手中所有的事，只來關心自己這一件事。除非你是個超級明星，或者是位重要的政界人物，否則記者給你的時間總是很有限。所以，你們一旦接上頭，你就應該直奔主題。任何其他的做法都會讓人把你看成是剛出道的新手，你講的事情在新聞媒體中露面的機會也要大受限制。

(2)新聞媒體往往是連鎖性的，報導會帶來更多的報導

別的新聞機構對你的故事越關注，你就越容易使任何一家報紙相信你提供的是一條重要的、及時的新聞。但是你必須動作迅速，在你的新聞稿中還要強調，最重要的電視台和出版物曾報導過你的消息。

(3)過度受到新聞媒體的注意，並不見得總是好事

記者是一群打從心底憤世嫉俗的人，並不是因為他們不如其他人敏感，而是因為他們從長期的苦澀經驗了解到，和他們打交道的很多人感興趣的是隱瞞重要事實，只講事情的一個側面。揭這些人的老底有兩個好處：它讓記者更加感覺到自己做的工作是有效的和道德的，而且它還能提供一些有趣的、戲劇性的素材來填充報紙的版面和電視的節目。所以，絕對有必要向你接觸的任何記者表示，你不是壞人！要做到這一點，你可以用一種公正的，不偏不倚的態度來談論問題，有時可以承認差錯和疏忽，強調你很關注一般市民所關心的事情。

(4)一個好的「釣鉤」應該能用一兩句話就要說明白

如果你得用多於一個長句或兩個短句的話才能讓人理解你的「中心思想」，那你還得再下點工夫。一個吸引人的故事，應該能一下子有力的把讀者或聽眾的注意力引向某種讓人立刻就能產生興趣的東西，這種東西或者關係到直接的利益，或者有不同平常的本質，或兩者兼備。如果你試圖贏得媒體注意的努力收效甚微或毫無功效，那可能是因為你所傳達的東西缺少簡短、有力的吸引人的地方，不能刺激新聞媒體把它變成一項報導。如果你試圖讓新聞媒體報導你的機構，那麼確定宣傳中內在的引人之處就是你的責任，而不關記者的事。

(5)要做好應付局促場面的準備

你碰到的很多新聞工作者，他們之所以做這一行，就是因為他們有一種死纏爛打、咄咄逼人的個性。有的時候，記者或主持人的確是來勢洶洶，或者使出種種讓人覺得味道不對的手段。他們不見得是在攻擊你，而僅僅是因為他們做的是新聞這一行，這一行最大的忌諱就是枯燥無味。在大多情況下，只要你順著這種「誘」的格式來，就能夠讓人理解你的觀點。如果不這麼做，而是「虛晃一槍，跳出圈外」，或者閉口不言，那只會落個「最差嘉賓」的名聲。

(6)採取合作的態度

與傳媒建立良好的關係要花時間和精力，但是一旦建立，受益無窮。如果記者來找你要新聞，向他們提供線索，努力幫助他們。有朝一日你可能需要他們的幫助。所以你要努力提供準確無誤、實事求是的資訊。經常會出現報導失真的情況，原因在於當事人沒有花時間解釋自己的真正想法。

(7)有效對付傳媒的猜測

有這樣一個故事：在國家公園裡成千隻鳥被毒死了。新聞傳媒用通欄大字標題和情緒激昂的文章對這一醜聞大加批評，引起社會大眾一片譁然。

負責噴灑殺蟲劑的部門立即向社會發表聲明，承認犯了錯誤，用錯了殺蟲劑。他們解釋了這種情況如何發生的，打算採取什麼措施，保證不再重蹈覆轍。他們對事實真相的及時說明使令人尷尬的局面緩和下來，不至於進一步臭名遠揚。

做錯了事，就該承認。不要怕說「我們犯了錯誤」。你的誠實會使大多數怒氣衝天的批評者消除氣惱。及時公布你將採取的行動，等到彌補過錯之後再做一次說明。

下面說說在處理這類危機上，與傳媒打交道的準則：

(1)向手下及時公布危機，不要等到傳媒大加披露之後再做說明。在手下從報刊上讀到或從電視上看到關於經營危機的消息之前，就讓他們了解情況。如果他們了解了事實，會把事實告訴顧客和朋友。良好的內部溝通比公共關係部門發宣傳資料更有效。

(2)不要推測，如果你不知道問題的答案，不妨這樣說：「我還不知道這個情況。但是我會去弄清楚究竟是怎麼一回事，明天上午我再打電話告訴你。」

(3)努力用大眾的目光去看待局勢，並且做出相應的反響。你首先應當考慮他們的擔憂。

(4)關於重要的問題，不要讓公關部去對付傳媒。發言人一定要由公司最高負責人擔任。這會使發言增加可信度以及提高公司的聲譽，因為大眾通常對公關人員的話抱懷疑的態度。

(5)「無可奉告」的回答更是展開全面調查時的一種最好的周旋策略。

(6)關注傳媒動態，盡快公布真相。

(7)與顧客長期友好的相處總是比公司短期付出代價更重要。如果你要公布差錯或把瑕疵品從市場上撤回，就應盡快這麼做。誠實的解釋會增強你的信譽。

名人圈子會為你造勢

不管你承不承認，「名」是一種資源。而在今天的商業運作中，只要你有了「名」，你就是資源。

由於名人圈子是人們心目中的偶像，所以常常有著一呼百應的作用。而在經商方面也是不能忽視這種名人效應的。生意場上若能使自己的商品與某個名人攀上關係，銷路也就會自然大開，所以，在商業活動中，利用名人效應絕對是一種明智之舉。

斯威爾是一位來自墨西哥的流浪者，他本來窮困潦倒，身無分文，卻透過使用借助名人效應的手段，廣求於天下，不但求來許多名人當朋友，還為自己求來了百萬家財。

仔細說來，斯威爾的致富法寶其實很簡單，而且也很有趣。斯威爾有一本簽名簿，裡面貼有許多世界名人的照片，並模仿那些名人的親筆簽名，寫在照片底下。然後，斯威爾便帶著這幾本簽名簿周遊世界各地，登門造訪那些喜好名望和美譽的富商巨賈。

每當見到一個有錢人，斯威爾就一副很仰慕的模樣對他說：「我是因仰慕您而千里迢迢的從北美洲的墨西哥前來拜訪您，請您貼一張玉照在這本世界名人錄上，再請您簽上大名，我們會加上簡介，讓它出版發行，然後全世界的人都會了解您有多麼偉大、多麼成功……」

這些人有的是錢，一聽說能跟世界名人排名在一起，便感到無限風光，這樣一來，他們自然會出手闊綽的付給斯威爾一筆為數可觀的金錢作為答謝。

而事實上，即使這本簽名簿真的會出版，每本的成本也不過是幾美元。而富人所給的報酬，卻往往是這個成本的上千倍之多。就這樣，斯威爾整整花了十年的時間，旅行近兩百個國家，提供給他照片與簽名的共有數萬多人。斯威爾所得到的酬勞不計其數。

由此可見，古今中外名人都是有商業價值的。名人圈子就是不花錢的廣告，名人圈子就是黃澄澄的金子。

政商圈子，做生意會順風順水

「政商關係」也就是如何處理企業發展與當地政府之間的關係，這種關係眾所周知，但它卻是最難把握的一種關係。所有的商業關係無不涉及政府，「政商關係」的重要性也由此可見。談到政商關係，很多企業家都會滔滔不絕，每個人都有自己的切身體會和經驗。

(1)搭建政商資訊溝通、交流的平台

一位著名的管理大師在他的課堂上，曾經向企業家問了這麼一個問題：「在一個大雪紛飛的夜裡，你駕車行駛。這時路上有三個人同時想要搭你的車，可是你的車是雙人座的，只能再坐一個人。這三個人分別是受了傷的老太太、曾經救過你的醫生和你的夢中情人。那麼，你會怎麼做？」在大家沉入這種道德、感恩與自己的情感之中做出選擇時，據說一種最佳的答案是讓醫生駕車帶著受傷的老太太去醫院，而自己則與夢中情人在雪中漫步。管理大師透過此案例引發大家明白資源整合在當今企業管理中的重要性。

如果說過去年代創造財富靠激情與鬥爭，二十一世紀的今天創造財富靠整合。誰擁有整合資源的優勢，誰便掌握了敲開財富之門的鑰匙。而政治榮譽，從一定意義上可謂是資源整合的敲門磚。透過這個平台，利用這些「政治頭銜」就增加了企業與政府部門接觸、溝通的機會，更利於企業家及時了解各類政策資訊，利於企業與政府間資訊回饋，發出企業的聲音。有的企業老闆能夠巧妙的運用這些「頭銜」尋找到與各級政府主管和社會人士交流的平台，利用這個平台結交了社會各界人士，把這種資源優勢轉化在企業經營過程中為企業所用。

(2)增加企業信譽，利於企業包裝宣傳

企業家的「政治頭銜」不僅是一種政治榮譽，同時也是政府與社會對企業成績的肯定和認同，無形之中，也就增強了人們對該企業的信任度。

談到如何「與各級政府主管打好關係」民營企業並不陌生，每個人在處理這個關係時，都有自己的一套「關係經」。很多企業老闆之所以將如此多的時間花費在「關係」上，實則是種資源分享。

作為近代「紅頂商人」典範的胡雪巖之所以能從一個銀號的小店員變成巨賈，既有其內在的聰穎與心計，也有其偶然成事的機遇。左宗棠給了胡雪巖四次發財的機會：一是讓其負責組建常捷軍的裝備及糧餉，發了軍火財；二是命其幫助建設馬尾造船廠，發了技術及設備財；三是命其組建轉運局，操辦西征軍務所需物資及軍械，發了轉運財；四是請其引進外資支援收復西北所需的先進武器，又發了引資財。因此，沒有左宗棠，便沒有煊赫一時的胡雪巖。胡雪巖利用與左宗棠的關係成就了財富的累積。

那麼企業家應該如何掌握這種關係呢？民營企業的成功與當地政府主管密不可分，但是具體到企業家應該如何掌握這種關係，一位老闆做了很形象的比喻：「民營企業與當地政府的關係應該掌握好火候，這一點很重要。太冷的時候，就加點熱水；太熱的時候，就加一點冷水。」既不能太遠也不能太近，也就是所謂的「君子之交淡如水」。在這個問題上首先是企業家要樹立正確的觀念和動機，才會達成經濟環境的良性發展。

所以，在經商過程中，我們要看到對自己有利的從政圈子裡的人，以此來透過他們為自己的商業大廈添磚加瓦。

社會圈子：你的最大支持者

生意是魚，社會就是水。做生意，就要善行天下，贊助社會公益事業，說穿了也是一種行銷策略，在為企業提高知名度，擴大社會影響，博取消費者的好感方面，具有重要意義，對企業鞏固已占有市場及今後擴大市場占有率產生深遠影響。

縱觀眾多巨賈的成功歷程，人們都可能注意到，他們有一個共同手法，即在發財致富的同時，慷慨解囊熱心於各種善事和公益事業。

十九世紀中期到二十世紀初期，俄國銀行家金茲保家族在西元一八四〇年創立第一家銀行，後經過幾十年的經營發展，在俄國開設了多家分行，並與西歐金融界發展廣泛的業務關係，成為俄國最大的金融財團，其家族成員成為世界屈指可數的大富豪。

金茲堡家族像其他猶太富豪一樣，在其發跡過程中做了大量的慈善工作。他在獲得俄國沙皇的同意下，在彼得堡建立了第二家猶太會堂；西元一八六三年，他又出資建立俄國猶太人教育普及協會；用他在俄國南部的莊園收入建立猶太農村定居點。金茲堡家族第二代繼續把慈善工作做下去，曾把其擁有的在當時歐洲最大的圖書館捐贈給耶路撒冷猶太公共圖書館。

美國商人施特勞斯，他從商店記帳員開始，步步升遷，最後成為美國最大的百貨公司之一的總經理，一九三〇年代成為世界上首屈一指的鉅富。在他事業成功的過程中，他也做了大量的慈善活動。除了關心公司員工的福利外，他曾多次到紐約貧民窟察訪，捐資興建牛奶消毒站；並先後在美國三十六座城市分發消毒牛奶給嬰幼兒；到一九二〇年止，他捐資在美國和國外建立了兩百九十七個施奶站；他還資助建設公共衛生事業，一九〇九年在美國紐澤西州建立了第一個兒童結核病防治所；一九一一年，他到巴勒斯坦訪問，決定將他三分之一的資產用於該地興建牛奶站、醫院、學校、工廠，為猶太移民提供各項服務。

一個企業想成功進入一個可以求得發展的圈子，就應該在某些方面，如品德、才華等對它造成好的影響，盡量展示出自己的獨特魅力。只有這樣，圈內的成員才會歡迎我們，認同我們。同時，我們也為自己長遠的目標打下良好的基礎。

伍德魯夫是可口可樂公司的第二任董事長。他是個精明能幹，具有雄才大略的人。在美國市場日趨飽和的境況下，伍德魯夫看出，必須另闢市場才有出路，所以他提出了一個驚人的設想——讓全世界的人都能喝上可口可樂。

然而，要打開國外市場談何容易。每個國家都有自己的飲料，又有自己的口味，且占據著國內的大量市場。再者，各國的人民都有不同的習慣。然而，伍德魯夫還是成功了。可口可樂成功進入了國際市場，並迅速占有了市場且受到人們的歡迎。

伍德魯夫成功的重要原因就在於制定了「當地主義」策略，這也是他社交策略的成功。他在當地設公司建廠，在當地招募工人，如此，有利於當地的就業問題。資金在當地籌措，有利於當地擴大投資，獲得利潤。同時又積極幫助當地人開發資源，為當地的人提供了眾多的福利。

可口可樂公司一系列的良好政策，籠絡了人心，受到當地人們的歡迎。當地人也給予可口可樂公司極大的支持與協助，為可口可樂公司創造了良好的發展環境。

可口可樂公司就這樣在世界各地站穩了腳跟，並迅速的發展起來，同時也帶動了當地經濟的發展。

上述的例子表示。一個商人只有樂於做善事，大量的為所在地興辦公益事業，贏得社會圈子的好感，才對他們開展經營有利。有些富商由於對所在國的公益事業有重大義舉，獲得了國王的封爵，如羅斯柴爾德家族有人被英王授予勳爵爵位。有些商人還獲得當地政府給予優惠條件開發房地產、礦山、修建鐵路等，賺錢的門路得到拓寬。

商人的經營策略把「以善為本」作為一項重要內容，除了與其民族的歷史背景有關外，也是一種促銷好辦法。人是群居動物，人與人關係圈子的運用，對事業的影響很大，政治家因得人而昌，失人而亡。企業家因供應的商品或服務，為人所歡迎而發財。可見，一切離不開人。商人明白這個道理，在一切經營活動中，與人為善，把社會的人脈圈子處理好，成為他們成功與致富的祕訣。

商人處世之道，是把人類內心深處所潛藏的欲望予以利用。在他們看來，人類都渴望被人注目、受人重視、被人容納。所以，與人相處，一定不能忘記這一點。對你的長官、同事、下屬或顧客、朋友及家人，都要做到使他們知道你在想法滿足他們的一切願望。達成這一目的途經，就是用善意的、親切的、溫和的態度去交往。那麼，對方也會以同樣的方式回報你。

有了和諧相處的環境和氣氛，彼此之間就好商量和合作，做生意的條件也易於商談，這就是人們為什麼說和氣生財的原因所在。商人還認為，不能與人和諧相處，對別人的缺點和短處不能包容，是一個人乃至一個企業失敗的一個重要原因。如果你以蔑視的態度對人，即使對方不與你針鋒相對，亦會對你敬而遠之。這樣，你的支持者或合作者就不存在了，失去廣大的顧客，失去了社會的支持，你的生意便會成為無水之魚。因此，聰明的商人認為做好生意，一定要有社會圈子做基礎，要有顧客緣，要達到這一點，必須付出，才有回報。

第八章 擴大生活圈子，讓你活得更瀟灑

「物以類聚，人以群分」，認識趣味相投的朋友，投靠共同的圈子，「混圈子」成為了我們的生活方式。我們不能選擇家人，但可以選擇朋友，選擇一個屬於你的美好圈子，就等於選擇你的一種生活方式。圈裡圈外，走出一個圈子進入另一個圈子。你的生活圈子越多、越廣、越豐富，你的生活就越豐富，越精彩。

不同的「圈子」，不同的生活

我們每一個人都是「圈子動物」，我們的生活中往往有「第一圈子」、「第二圈子」、「第三圈子」……每個人在世上生存就應有不同的「圈子」。

「第一圈子」就是我們的職場圈子，將彼此聯繫在一起的就是「工作」。在這個工作圈子裡，很多事情，就算你不喜歡，還得做；很多人，就算你不喜歡，也得和他們打交道。

劉曄是一家報社的記者，因為工作的關係，他有一個自己的職場圈子。這個圈子裡有自己的遊戲規則，大家泡酒吧、赴詩會、開新聞發表會、做策劃，彼此之間有著心照不宣的默契。鞏固和發展自己的

利益，穩定自己在圈子裡的地位，這樣才能站穩腳跟，否則圈子裡的事情你可能會最後一個知道。為了維護自己在這個圈子裡的地位，劉曄把自己打扮得時髦而鮮亮，並經常臨近子夜才從各種場所趕回家。這樣圈子的生活讓劉曄感到非常疲憊，但她也不能去擺脫它，因為各種工作、利益關係都是圍繞著這個圈子進行的，怎能說放棄就放棄呢？

市場經濟環境孕育著現代人的經濟意識，有許多人的交際活動也圍繞著經濟利益展開。他們在圈子裡尋覓著「商機」，拓寬能為彼此帶來經濟合作的人際圈子。

王老闆就是這樣一個人，他的交往目的很明確，即以經濟活動為中心。在此主題下，他與身邊新老朋友的交往活動，多與經濟利益有關。他的朋友絕大多數都是生意場上認識的，他曾利用業餘時間做過房地產資訊傳遞、廣告仲介以及行銷，這些都是與朋友合作的成果。

在「第一圈子」裡遊蕩的人們多數都有過身不由己的體會，但規則卻是大家一起慢慢形成的，輪到你不情願時已是無法脫身，只要你還想在這個圈子裡繼續你的利益，你就得服從這個規則。

為了生活，為了發展，為了成功，我們不得不在「第一圈子」裡暢遊，因此我們有時感覺太累，那麼「第二圈子」則是可以喘息的地方。所以，你不妨為自己擠出點空間，以便於「第二圈子」放鬆身心，那就是朋友圈子。

你可以和一幫朋友約好每週末去做美容，「善待自己」外加「放鬆心情」；

朋友圈子要豐富多彩

你可以和幾個玩得來的朋友逛街泡酒吧，聊到哪裡是哪裡；

你可以時不時和「狐朋狗友」一起出門旅遊，瀟灑走天涯。

這樣的圈子很鬆散、有默契，因為大家的目的取向很明確，就是追求快樂。

小潔是一名職業設計師，生活很枯燥乏味。一個偶然的機會，她認識了一個朋友，那位朋友把她帶到自己的圈子裡，她沒想到可以把日子過得這麼豐富多彩。她們喜歡旅遊，每次出行必先讀書，再畫地圖，然後按圖索驥，開車自助遊。每次出遊的夥伴都是新的，因為這樣的緣故交了不少朋友。她說：「這個圈子沒有利益，完全是因為共同的愛好才走在一起，所以輕鬆愉快，大家在一起交流最近的旅遊心得，相約更大的旅遊計畫，很是快樂。我奉行的標準是根據不同的需求去尋找不同的圈子，這樣才能適得其所，我的生活也因為它們而變得豐富了。」

這時，小潔才尋找著到了生活的感覺。這樣的圈子和業餘生活，讓她足以應付工作帶來的壓力和生活的煩躁。

不同的圈子，不同的人生態度，不同的生活方式，進入不同的圈子，就能造就你豐富多彩的生活，讓自己進入不同的圈子，享受不同的生活樂趣，這樣你才活得更充實、更瀟灑、更豐富。

懂得接納不同層次的朋友，才能贏得天下朋友。我們不需要每個朋友都會對我們推心置腹，無話不談；我們也不能期望每個朋友都願與我們坦誠相待。朋友的豐富，友情的多彩，就在於它不單有知己深交或泛泛之交，而是在此兩者之間存在許多種深淺不同的層次。這樣你的交友圈就會更廣闊。

不同的朋友，不同的交往，要善於區分朋友，區別對待。朋友才能更豐富多彩，人脈才能更廣闊。

(1)知己

知己是我們人生中絕難找到的極少數朋友，他們可以誠懇的接納我們的優點，也會接納我們的缺點，設身處地的為我們著想。他們像面鏡子，能給予我們勸勉和鼓勵；像影子，永遠對我們信任、支持，可以作為維持我們精神健康的支柱。知己是朋友中的精品。

(2)生活圈子裡的朋友

他們多是一些來往密切，與我們的生活圈子很接近的朋友。和我們有相同的想法，相同的遭遇，所以很容易談得來，在行動上會很有默契的組成小圈子活動。他們是我們日常生活中的好夥伴，可驅除孤獨感，增強自信心，為生活添加色彩和情調。

(3)老友

他們是與我們很熟悉、相識多年的老朋友，比如老同學、老相識、一起長大的童年夥伴等。雖然大家見面的機會不是很多，但由於彼此熟悉，每次相逢都能天南地北的親切交談，成為一段愉快的經歷。

他們不是知己，你有困難時不一定會想到他們；大家的性格也未必接近，不過友誼肯定是耐久而雋永的，值得我們好好珍惜。

(4)來往密切的朋友

因為活動圈子相同，我們可能交到一些與我們接觸密切的朋友，如職場的上司、同事，學校的老師、同學等。他們很熟悉我們的生活細節，但卻未必是那些互相了解，可傾訴心事的朋友。

對於這些朋友，儘管大家每日共事共學，但不能對他們要求太高，因為彼此都沒有什麼承諾和默契。但最起碼的原則是相處時應不忘禮貌，言行一致、心意真誠，工作上給人方便。這都是我們該遵守的。

(5)單方面接觸的朋友

有些人可能對我們很著迷和信任，經常把心事向我們傾訴，但我們卻沒有推心置腹的感覺。也有些時候，我們對某人特別崇拜仰慕，而對方卻未必有熱烈的回應。這種不平衡的關係多產生在一些不同位置的朋友之間，如老師與學生，班長與同學……不過有時普通朋友間也存在這種不平衡現象。

當受人仰慕的時候，不要輕視和戲弄別人的友誼，或表示討厭和高傲的態度，應該盡力助人成長，給予中肯意見，鼓勵他發展獨立精神，認識其他朋友。

當我們仰慕別人的時候，也不要成為別人的累贅，過分依賴，應該積極從他人身上學習長處。切記：不要盲目崇拜，胡亂付出感情。

(6)普通朋友

這類朋友占據了我們朋友之中的大部分。他們可以和我們東拉西扯，聊些無關緊要的話題。不過交情上可是誰也不欠誰，不會讓大家牽腸掛肚。

雖說是普通朋友，但也可成為遊樂時的好玩伴。有難事，也可向有專門知識的普通朋友請教。這些來自不同背景的朋友能充實我們的知識，令我們感受到「相識遍天下」的溫暖感覺。

這類朋友，只要我們肯加大生活圈子，自然不會缺少。至於感情發展，不妨順其自然。別對人要求太嚴，他們往往會被你的嚴厲所嚇倒。

(7)泛泛之交

彼此的友誼僅限於認識的階段，不過是點頭之交，連普通話題也未必有機會聊上。這樣的朋友要做到見面時打打招呼，保持禮貌，保持距離。千萬別對人過分信任，否則誤交損友，悔之晚矣。

總之，朋友不怕多，要學會區別對待，該厚的厚，該薄的薄，這樣才能讓你的朋友圈子更廣，更豐富。

同事圈子：最方便最直接的人脈

人們在運用圈子辦事時，總認為同事之間只存在猜疑和忌妒，實際上，這是一個錯誤的認知。現代社會中，一個人和家人相處的時間和與同事相處的時間幾乎差不多，一個有「手腕」的人不會忽視同事之間的友誼。

初涉職場，能夠快速融進同事圈子中去是非常重要的。有的人適應能力強，可能兩三天就能跟同事打成一片，有的人可能性格比較內向，不善於與人溝通，那麼就比較困難一點。在同事圈子裡，和人交往要隨和。可能家長老師總是囑咐剛畢業的學生要少說話多做事，但也要把握一個分寸，不光要勤快，更要讓同事接受並且了解你，適當的放開自己的心胸，敞開心扉和每一個人快樂的相處，讓大家知道你是一個正向積極的人，相信這樣很快就能夠融入到同事的圈子中。

麗紅剛畢業，由於沒有工作經驗，找工作頗費周折，好不容易找到了現在這家公司做行政祕書。初來乍到，她事事小心翼翼，每天都提早到公司，擦桌子、幫同事清理桌下的垃圾桶、整理報紙，一心想給主管和同事留個好印象。但在公司八個小時，除了看公司檔案就是看報紙，同事都各忙各的，無暇顧及她。中午，大家都各自結伴去吃飯，只有她一個人獨自吃飯。即使和同事在一桌吃飯，她也不知道該說什麼，只能當聽眾。工作一個多月，和同事都認識了，但也只是見面點個頭而已，她的工作是煩瑣而簡單的，她總覺得自己的能力沒有得到發揮，同事也不看重她，為此她非常苦惱。

那麼如何才能盡快融入公司的同事圈子裡呢?下面幾點可作參考:

一、積極主動，建立「圈」子

在跨入新的工作場所後，往往有一個孤獨的時期，陌生的環境、陌生的主管、陌生的同事。有的人孤獨期很短，很快，他的同事就能接納他，他也能迅速形成了新的社交圈子。而有的人過了很長時間，依舊如失群的孤雁，他接納不了別人，別人也不接受他。在公司裡，老同事一般不會主動與新來者接近。這樣如果新來者不積極主動的接觸老同事，一段時期內，就很難與新環境打成一片了。因此，應該先攻為上，主動向同事伸出友誼之手，主動向他們表示自己的友好態度。這樣，對方也一定會禮尚往來，新的交際圈子也就由此形成。

在主動與人接觸的過程中，要注意兩個問題：

(1)舉止要得體適度。

一個人的言談舉止是一個人素養的反映，言談舉止是否適度，關係到其人際關係是否成功。

(2)言談要恰當。

首先，在開口對人講話時，態度必須誠懇，講究禮貌尊重。對同輩不必過多客套，但對同事中的長者，必須彬彬有禮，分寸適當。無論對誰，都不能滿嘴汙言穢語或油腔滑調，同時，帶有賣弄的高談闊論，隨意嘲諷和攻擊別人，挖苦別人，也都是必須杜絕的。必須懂得，當你開口說話之時，別人對你的印象也隨之開始形成。如果你的談吐使人反感，恐怕很難建立起良好的關係。

其次，要使自己的言談易於被別人接受，說話力求簡明扼要，不要滔滔不絕，壟斷話題，不給別人說話的機會，那樣，會使別人不愉快。另外，可多講些對方感興趣的話題。再者，在聽人講話時，一定要對對方的話語有所回應。很多人際關係專家都認為，好好傾聽別人談話，能使你獲得良好的人際關係。

二、滿足對方的安全需求

建立良好的同事關係，步入工作職位後，用你的行為告訴你的同事，與你交往是安全的。為此，你必須做到以下幾點：

不做「長舌婦」，如果希望你的同事接納你、信任你，就不要染上這種習氣，無論在任何情況下，對不在場的人都要以不談為妥，成為一個有修養、受歡迎的人。

寬以待人，世上沒有十全十美的人，你的同事也一樣，也許在工作中與你產生摩擦，也許會由此而冒犯你，如果不是什麼原則性問題，就要得饒人處且饒人，得理也讓人三分，不要懷恨在心，更不要心存報復。要以寬廣的胸懷對待每一位同事，包容他們，接納他們，長此以往，你必會得到同事的依賴。

人常說，有得就有失，反之，有失就有得。在個人福利方面適當做些讓步，肯吃虧，失去的是蠅頭小利，換來的是良好的同事關係與工作環境，反而有助於你取得更大進步，相反，有些人太「精明」，為自己考慮得太周到，工作從不多做，名利卻總不放過一點，事事占上風，時時占便宜。這樣，只能讓人留下自私自利的印象，誰又樂意與這樣的人相處呢？

三、正確對待同事的業績

要正確對待同事的成績，應該為同事的成績感到高興，並以此作為前進的動力，激勵自己趕上並超過他們。試想，如果你取得成績，一定希望與同事分享收穫的喜悅，希望得到真誠的祝賀，而不希望別人說三道四，故意中傷，反之亦然。正所謂「己所不欲，勿施於人」。另外，如果你的同事一個個都不思上進，整天處於這種環境之中，沒有人帶動，沒有人激勵，恐怕你也難於「一花獨放」。所以，不嫉妒別人，坦然面對他人的成績，不僅能使你獲得支持，而且能使你步入成功。

四、樂於助人

在我們生活的這個世界裡，很多人抱著「人人為我，我為人人」的人生信條，關心他人、幫助他人。他們的行為也許很平凡，不過，由於他們的存在，使得他們的同事、朋友、周圍的人時刻沐浴著溫暖與溫馨。他們為這個社會增添了更多的真、更多的善與更多的美，也得到了他人的由衷敬意與尊重。

事實上，一個人每前進一步，都離不開別人的幫助與合作。所以，人們總是很企盼能有人幫助，尤其渴望在困難時能有人伸出援助之手。人同此心，心同此理，其他人也是如此。同事之間，朝夕相處，工作上的互相合作，生活中的互相關心，學習中的互相鼓勵，就變得十分重要。無論是公司，還是個人都會因此而獲益。所以，不要吝惜你的微笑，關切的問候，真誠的鼓勵，熱情的幫助，關心你周圍的每一位同事、朋友，你會在給予的過程中得到同事的理解、幫助與支持。

在職場中，如果你能在職場中與同事圈子建立起良好的人際關係，不僅有助於你工作的順利開展，而且也對你的職業發展非常有益，甚至在辦事上也能助你一臂之力。

親戚圈子：最親近的一脈

常言道：「血濃於水」，親戚是你人脈圈子中最親近的一脈，遇到困難事，只需張張嘴，忙肯定是要幫的。

清代「紅頂商人」胡雪巖認為自己成功的祕訣就在於有親戚相助。

胡雪巖創業之初，想做一筆較大的珠寶生意，需要一大筆錢，找別人借，因為數目太大，都沒有成功。最後胡雪巖找到了他的堂伯。

由於胡雪巖平時人緣很好，對堂伯極其尊重，並不時上門問候，讓堂伯留下了很好的印象；另一方面，胡雪巖當時已經嶄露頭角，表現出過人的經商才能。很欣賞他的堂伯是當時富甲一方的茶葉商人，家財萬貫，仗義疏財。當胡雪巖提出自己的要求後，堂伯當下就借給他三百萬兩銀子，幾乎相當於自己家產的三分之二。

胡雪巖的珠寶生意進行得很順利，按時歸還了借款，並附帶紅利。他自己則淨賺兩百萬兩銀子，從而為他成為「紅頂商人」鋪下了第一塊基石。

胡雪巖創富發財的事實告訴我們，善於建立和利用親戚圈子，是創造良好經商環境的法寶。

但是，必須注意的是，親戚圈子又是比較複雜的，主要表現在親戚之間存在著多種差異，比如經濟方面、地位方面、地域方面、性格方面等等。這些差異既可能成為彼此交往的理由，也可能成為產生矛盾的原因。

因此，親戚圈子和其他圈子一樣，在交往中也存在一定的規則。遵循這些規則辦事，就能使彼此的關係越來越親密；反之，違背了這些規律，親戚之間也是會互相得罪的。

因此，親戚之間在互相交往，互相求助中也應注意以下幾點：

(1)經濟往來要清楚，不要弄成一筆糊塗賬

求助過程中，為了經濟利益問題而得罪人，在親戚之間是屢見不鮮的。比如親戚之間的財物往來是常有的事。有時是為了救急，有時是為了幫助，有的就是贈送，情況不同，但都展現了親戚之間的特殊關係，把這種財物往來當成表達自己心意和特殊感情的方式。

作為受益的一方，在道義上對親戚的慷慨行為給予由衷的感謝和讚揚是必要的。如果他們把這種支持和幫助看得理所應該，不做一點表示的話，對方就會感到不滿意，而影響彼此的關係。

另一方面，對於屬於需要歸還的財物，同樣是不能含糊的。這是因為親戚之間也有各自的利益，一般情況下應把感情與財物分清楚，不能混為一談。只要不是對方明言贈送的，所借的財物就要按時歸還。有的人不注意這個問題，他們以為親戚的財物用了就用了，對方是不會計較的。可如果等到親戚提出來時，那就不好看了。

對於來自親戚的幫助要注意予以回報，這既是加深感情的方法，也是報答對方幫助的必要表示。如果忽視了這種回報，同樣會得罪人。

總之，親戚之間的財物往來，既可以成為密切感情的因素，也可能成為矛盾的根源，就看你如何處理了。

(2)不要居高臨下或強人所難

親戚之間雖有輩分的不同，但是，也應當相互尊重，平等對待。特別是在彼此之間地位、職務存在差異的情況下，更應如此。

常言說：「窮在鬧市無人問，富在深山有遠親。」這就是說，就親戚而言，財大的、地位高的人對於比不上他們的親戚是很有吸引力的。地位低的人總是希望從地位高的一方那裡得到一些幫助，同時在他們提出自己的請求時，又懷有極強的自尊心。

在這種情況下，如果地位高的一方對來求助的親戚表示出不歡迎的態度，那就很容易傷害對方的自尊。一般說來，地位低的人對於被小看是很敏感的，只要對方露出哪怕一點冷淡的表示都會計較、不滿，造成不良的結局。

還有另一種情況，就是有些人求親戚辦事，特別是辦一些有違原則的事，人家不答應就心懷不滿，說人家不講情誼之類的話，這也是很讓人傷心的。

在有地位差異的親戚之間，最常見的矛盾是在求與被求之間，是在不能滿足對方要求的情況下發生的，因此，如遇這些問題，一方應注意盡量滿足對方的需求，另一方則應考慮對方的難處，盡量不要出難題給人家，即使因客觀原因不能滿足自己的需求，也應予以諒解，不能過分的計較。

(3)不要一廂情願，為所欲為

親戚之間由於彼此關係有遠近之分，有密切程度上的差別，因此，在相處中要注意把握適當的分寸。「親戚越走越親」是一般原則。但是，也要看你是如何個走法，這裡面也是有一定技巧的。

過去走親戚可以在親戚家住上一年半載，現在就有諸多不便。大家都有工作，都有自己的生活習慣，住的時間過長，很多矛盾就會暴露出來。

還有的人到親戚家做客不是客隨主便，而是任自己的性子來，這就為主人帶來很多的麻煩，也容易造成矛盾。

比如，有的人有睡懶覺的習慣，每天要睡到日上三竿才起床，他們到親戚家也不改自己的毛病。主人要照顧他，又要上班，時間長了就會影響主人的工作和生活的正常秩序，進而影響彼此的關係。

還有的人衛生習慣不好，到了親戚家裡，菸頭到處扔。如果時間不長，人家還可能忍耐，要是日子長了，矛盾就會暴露出來。

因此，在親戚交往中也有一個優化自己行為方式的問題，如果方式不當同樣會得罪人。

親人與你有著永遠也無法割捨的感情，他必定會為你付出深切的關懷。關鍵時刻，借用親情關係，可以讓我們在求人辦事中，少走許多彎路。所以，我們在平時要多與親戚走動，融洽親人之間的關係，將其融進我們的辦事網路。

鄰里圈子：「遠親不如近鄰」

建立一種和睦的朋友式的鄰里關係，不論你在家還是在外，互相照應讓你更順手更方便。鄰里近在咫尺，他們的適時照顧、幫助，能解決燃眉之急，婚喪嫁娶，大事小事，離不開鄰居。無論你的鄰居能力是大還是小，有些日常瑣事可能還離不開他們。

如果和鄰居處不好關係，或者有事時不能去找鄰居幫忙，生活中就會缺失一部分關懷。

有一位男子，剛剛大學畢業卻苦於找不到工作。沒辦法之下他就開始創業，由於對市場的認知匱乏，當年就破產，並賠了個精光，使他成為一名無業人員。他一連在家中呆坐幾天，心裡想著家裡拮据的日子，愁苦難當。某天，鄰居張阿姨突然對他說：「我家大兒子開的公司正好有一個空位，他讓你到他的公司上班。」這位大學生聽到後，高興得不知如何是好，連聲道謝。

原來張阿姨早年喪夫，帶著兒子生活，這位大學生的父親心腸好，平時搬煤、換氣、掏下水道等費力的事情沒少幫他們家做，張阿姨的兒子如今成立了公司，自然忘不了他。

鄰里關係處理妥當，不但為你增添了左膀右臂，在危難的時候可以獲得鄰居的幫助；並且還有助於促進整個社會的安定和團結。自然，並非所有人都能夠處理好鄰里關係。有許多的人，在鄰里生活中稟著「萬事不求人，別人勿求我」的原則，鄰里有求不幫，而導致自己在為難之時，處於孤立無援的境地。

有些鄰居之間為一點小事就互不相讓，吵個不停，甚至大打出手，這樣對人對己都是不好的。處理鄰里關係時應該懂得，人總有缺東少西的時候，怎麼能萬事都不求人呢？而且誰家都沒有掛著「免事牌」，說不定什麼時候就有事了。你也有處理不來的事情，這時就需要靠大家幫忙，你幫助我，我幫助你。不要僅僅想讓別人幫助你，你卻不幫助別人。因為那樣一來，就沒有人願意幫助你了。

生活中有很多街坊鄰居：一家有人生病了，大家幫忙送到醫院；衣服晾在外面卻下起了大雨，有人幫你收好疊好送過來；一家有喜事，各家前來祝賀……這種和諧的人際關係，使鄰里的每個家庭成員都感受到真、善、美。

搞好街坊關係，就要做到互容、互量、互讓，也只有這樣才能構建出和諧的鄰里關係。

同學圈子：獨有的人脈

同學圈子是一種獨有的人脈關係。作為同學，一般都有數年的交情，彼此同甘共苦的日子必然會沖淡地位或身分的隔閡，即便只有一面之緣，只要知道彼此是同學，心裡會馬上會湧現出一股親切關係。這是同學之間獨有的人脈圈子。

因此，利用同學這一人脈，有利於你辦事，也有利於成事。劉備就是靠同學圈子而打下江山的。

那時劉備還在讀私塾時，由於劉備講義氣、聰明，因此成了同學中的頭，他經常幫助其他同學，與他們關係處得非常好。後來長大了，大家都有自己的道路要走，劉備與這些要好的同學都各奔了東西，但是，雖然大家分開了，劉備卻很注重經常與同學保持聯絡。其中有一位叫石全的人，是劉備讀書時最合得來的朋友，他讀書後，仍回家繼續供奉自己的老母親，以盡孝道，靠砍柴賣字畫為生。劉備不嫌其清貧，經常邀請石全到他家做客，共同探討當時的天下形勢，這樣的聚會每次都很成功，劉備與石全的關係也在不斷加強，情同手足。

後來，劉備為了實現自己心中宏偉的目標，帶了一支隊伍參加了東漢末年的大混戰。初時，劉備軍事實力很小，不得不依附其他人，在一次交戰中，劉備所帶的軍隊被全部殲滅，只他一人逃脫，被石全給藏了起來，因此逃過了一劫。

可見，同學圈子有時在很危急的關頭能幫上大忙，能起到排憂解難的作用。

不論小學、中學還是大學，都讓我們回味無窮。尤其是對於高學歷的人來說，同學關係的好壞對於他們未來的發展具有重大的影響。

由於現代社會中，人與人之間各方面的競爭越來越激烈，而社會關係更是一個人事業成功必不可少的社會資本或社會資源。同學之間所構建起來的「同學圈子」作為人生一筆不可多得的關係資源，對於一個人的社會地位和事業發展的提高更是具有不可替代的利用價值。

劉明陽是一家鋼材公司的銷售部經理，最近，他聽說某公司要進一批鋼材，正在聯絡貨主。可當劉明陽聯絡到該公司的時候，已有數家鋼材公司和這家公司聯絡過了，競爭十分激烈。這時，劉明陽透過調查公司人員資料時發現，該公司的一個部門經理竟是自己高中時的同學宋濤，雖然劉明陽與他十幾年沒見面了，但劉明陽還是決定約見宋濤。

週末的晚上，劉明陽和宋濤兩人在海鮮餐廳相聚。見面後，自然是感慨萬千，各自唏噓不已。一陣寒暄後，劉明陽就談起了高中時的往事：「宋濤，不知你還記不記得，高一時的那次春遊。那時真是天真爛漫，記得爬山時的情景嗎？我們班的馬穎怎麼也爬不動了，讓你拉她一把，你臉紅得不得了，還不好意思拉人家！」

宋濤不好意思的笑了起來：「我那時哪有那麼大的膽子，不比你，用一條橡皮蛇嚇得女生都不敢往前走了，還是我揭穿了你的詭計，把你的蛇扔到了山下，你還吵著讓我賠一條！」說著兩個人都笑了起來。

兩個人又談起了高中時的許多往事，不禁越談越起勁，越談越動情，最後兩個人都流了淚。

時間已經不早了，兩個人又聊到了當前的工作，劉明陽順勢說：「我們公司最近有一批好鋼材，質優價廉，聽說你們公司正需要，怎麼樣，我們兄弟倆也合作一回吧？」

當時的宋濤還正沉浸在高中的記憶之中，一聽到老同學有所求，自己公司又需要，二話不說，當下就說：「小事一樁！回去我就跟銷售經理說，憑我倆的關係，保證沒問題。」果不其然，幾天後，在老同學的幫助下，劉明陽順利的簽訂了購銷合約。

劉明陽正是利用與宋濤的這層同學關係，先勾起對方的回憶，再順水推舟，提出合作主事，宋濤也樂得做個人情，雙方既增進了友情，又做成了生意，可謂是一舉兩得。

很多成功的公司就是由同學合夥創立的，例如雅虎的楊致遠和史丹佛電機研究所博士班的同學大衛．費羅；微軟公司的比爾蓋茲和童年玩伴保羅．艾倫；惠普的大衛．普克德和他在史丹佛大學的同學威廉．惠利特等，無數家知名企業的創建都是先從同學關係，然後發展到合夥創業的，像這樣的例子比比皆是。

同學圈子是非常單純的，有可能發展為長久、牢固的友誼。因為在學生時代，人們年輕單純，熱情奔放，對人生對未來充滿美好的理想，而這種理想往往是同學共同追求的目標。加之同學之間朝夕相處，彼此間對對方的性格、脾氣、愛好、興趣等等能夠深入了解。因此，在同學中最容易找到合適的朋友。你就要努力去開發、建設和使用這種關係。

誰沒有幾位昔日的同窗？說不定你的身影還存留在他們的記憶中。千萬不要把這種寶貴的人脈資源白白浪費掉，要改變處境，就要從現在開始，尋找和建立屬於自己同學圈。此外，不論本身所屬的行業領域如何，應與最易聯絡的同學（國中、高中、大學等）建立關係。然後，從這裡擴大交往範圍。不妨多運用同學圈子，來為自己的成功找到助力。

同學圈子，是人生中最特殊的一種關係。也是你人際圈中最重要的人脈。

同鄉圈子：遇事有人幫

遊子在外地碰到幾個同鄉，思鄉之情便會油然而生。只有與同鄉處好關係，結成一個互動的交際圈子，辦起事來也會得心應手。

清末的大太監李蓮英就是靠這種「同鄉圈子」發達的。

李蓮英出身貧苦，個子瘦小，若以當時清朝宮廷太監的標準來衡量，他根本不夠資格。可一次偶然的機會，李蓮英聽說宮廷中有一個太監是他同鄉，且是同一村的。於是李蓮英大膽的去找了這個同鄉。

李蓮英當時很窮，沒有錢買東西送禮。他知道這位同鄉很重鄉情，但怎樣才能引起同鄉的注意卻一直困擾著他。

終於，他想出了一個辦法。他看準了這位同鄉出來當值時才去報名，然後用一口土風土味的家鄉話說出了自己的姓名與籍貫。李蓮英的這位同鄉聽了這聲音，身體不由得抖了一下，遂抬頭看了看眼前的這位小同鄉，心裡暗暗記了下來。

後來，在這位同鄉的幫助下，李蓮英做了慈禧太后梳頭房裡的太監，以梳得一頭好髮型深得慈禧寵信，最後成了慈禧太后面前的大紅人。

李蓮英只說了幾句話，就博取了對方的注意與好感，但要注意的是，這幾句話是家鄉話，是鄉音，而對方也恰巧是同鄉人，且又同處異鄉，在這種情況下，李蓮英輕而易舉的爭到了一個名額就不足為奇了。

對於身在異鄉的人來講，遇到同鄉自然感覺到親切。尤其是初到異鄉，同鄉之間是最容易建立起朋友關係的。所以，生活中我們應該多結交同鄉，編織一張有「鄉情」特色的關係圈子，做起事來才方便。處理好同鄉關係是非常重要的，不僅可以多交幾個朋友，還可以獲得很多幫助，也許一輩子都會受益無窮。

同鄉關係是很特殊的朋友關係，也是一種很重要的人際關係。因為同鄉這一層關係，更容易與對方拉近關係，容易獲得對方的理解與幫助，辦事自然順利很多。

華人有著強烈的鄉土觀念，其表現之一就是對同鄉人有一種天生的熱情，尤其是到外地上學或謀生之時，這種同鄉感情就愈顯得濃烈。

在大學裡經常可以見到有某地學生組織有同鄉會性質的「聯誼會」，有人覺得這些人落後狹隘，後來發現有些老師也參加其活動，更感到不可思議。但後來的事實證明，他們那「抱成團」的宗旨確實為大多數同鄉帶來了「實惠」，解決了不少困難。再後來，這種同鄉會性質的團體幾乎到處都能見到。它的形式雖是鬆散的，但「親不親，故鄉人」，這種同鄉觀念有一定的凝聚力，它對內互相提攜，互相幫助。

隨著經濟的發展，社會人口的流動性越來越大，許多人離開家鄉，到異地去求職謀生。身在陌生的環境裡，拓展人際關係有一定的難度，那就不妨從同鄉關係入手，打開局面。

有人曾說：「同鄉見同鄉，有事好商量。」可見，同鄉關係是一筆很大的人際關係財富，所以，身在他鄉的人，一定要善於打點同鄉關係。只要運用妥當，你就會廣結人緣，這樣一來，下次需要同鄉幫忙的時候，你就可以「近水樓台先得月」了。

下屬圈子：利用屬下的智慧成就霸業

用感情來籠絡下屬，他們才會為你賣命。員工對企業有沒有感情，完全是兩種截然不同的工作態度。如果你能視下屬如知己良友，而不是自己的奴僕，時常徵詢對方的意見，接受他的批評，力求消除彼此心中的隔閡，這樣對方做起事來，必然格外賣力。

有「心眼」的領導者大都深知其中的奧妙，不失時機的付出廉價的感情投資，對於拉攏和控制部下往往能收到超乎尋常的效果。

有許多身居高位的大人物，會記得只見過一兩次面的下屬的名字，在電梯上或門口遇見時，點頭微笑之餘，叫出下屬的名字，會令下屬受寵若驚。

富有人情味的上司必能獲得下屬的衷心擁戴。

吳起是戰國時期著名的軍事家，他在擔任魏軍統帥時，與士卒同甘共苦，深受下層士兵的擁戴。當然，吳起這樣做的目的是要讓士兵在戰場上為他賣命，多打勝仗。他的戰功大了，爵祿自然也就高了。「一將成名萬骨枯」嘛！

有一次，一個士兵身上長了個膿瘡，作為一軍統帥的吳起，竟然親自用嘴為士兵吸吮膿血，全軍上下無不感動，而這個士兵的母親得知這個消息時卻哭了。有人奇怪的問道：「妳兒子不過是小小的兵卒，將軍親自為他吸膿瘡，妳為什麼要哭呢？妳兒子能得到將軍的厚愛，這是妳家的福分哪！」這位母親哭訴道：「這哪裡是愛我的兒子呀，分明是讓我兒子為他賣命。想當初吳將軍也曾為孩子的父親吸膿血，結果打仗時，他父親格外賣力，衝鋒在前，終於戰死沙場；現在他又這樣對待我的兒子，看來這孩子也活不久了！」

人非草木，孰能無情，有了這樣「愛兵如子」的統帥，部下能不盡心竭力，效命疆場嗎？

作為上級，只有和下級打好關係，贏得下級的擁戴，才能提起下級的積極性，從而促使他們盡心盡力的工作。

日本著名的企業家松下幸之助就是一個注重感情投資的人，他曾說過：「最失敗的老闆，就是那種員工一看見你，就像魚一樣沒命游開的老闆。」他每次看見辛勤工作的員工，都要親自上前為其沏上一杯茶，並充滿感激的說：「太感謝了，你辛苦了，請喝杯茶吧！」正因為在這些小事上，松下幸之助都不忘記表現出對下級的愛和關懷，所以他獲得了員工一致的擁戴，他們都心甘情願的為他效力。

俗話說：「將心比心。」你想要別人怎樣對待自己，那麼自己就要先那樣對待別人，只有先付出愛和真情。才能收到一呼百應的效果。

利維的新產品研製小組有三個主要專家，其中有一個叫法蘭克，他脾氣古怪，性情暴躁，動不動就和別人爭吵，研製小組上上下下的人他都吵遍了，就連利維也不例外。就是這樣一個人，也透過一件小事，對利維感激不已。有一天，為了一個實驗問題，法蘭克同研製組的另一個研究員勞布爭執不下，他大動肝火，又拍桌子又摔東西。利維過去勸解也著實被罵了一頓。正在他們鬧得不可開交時，法蘭克的小女兒來到了實驗室，她看見爸爸那副怒髮衝冠的樣子，嚇得哭了起來。法蘭克見狀，再也顧不上繼續吵架，趕忙跑過去，賠著笑臉哄著自己的小女兒。看到這一幕動人的情景，利維心裡猛的一亮，他發現法蘭克雖然看誰都不順眼，但對自己這個小女兒卻是百依百順，視為掌上明珠。不難看出，小女兒就是他的主要精神依託。為了使法蘭克有充實的精神生活，利維立刻在公司附近為法蘭克租了一幢非常漂亮的房子，讓他能經常和女兒生活在一起。

處於創業初期，資金十分緊張，在這種情況下，利維能夠為法蘭克租房，這使法蘭克很過意不去，儘管經過再三勸說，法蘭克始終不肯搬進新居。利維很了解法蘭克的性格，只要他一流露出煩躁不安的情緒，就說明他正在猶豫不決，這時，如果正面去勸說，效果肯定不好，必須換個方式。於是他對法蘭克說：「搬不搬，恐怕由不得你了。」利維說。

「什麼？我自己不願搬，你還敢強迫我不成？」法蘭克提高了嗓門，大聲的說。

「我當然不敢逼你，不過，你的千金安妮已經替你做主了。」利維繼續說，「她說你心情不好，容易發脾氣，這很傷身體的。如果她能住在附近照顧你，你就不會發脾氣了。起初，我也拿不定主意，怕你不肯搬。可是，安妮小姐最後說：『我爸爸多可憐呀，我不能再讓他孤獨了，我要搬到他附近，經常照顧他、安慰他。』」

聽完這番話，法蘭克的眼裡充滿了淚水，終於服從了利維的安排，搬進了新居。

利維為法蘭克租房，雖然花費了不少錢，可搬家這件事所產生的影響卻遠遠不是用這些錢所能買到的。首先，法蘭克認為，利維在資金狀況窘困的時刻，仍然把他的生活快樂看得比金錢更重要，因而對利維感激不盡。其次，這件事必然會使公司的其他專家和員工都知道經理講義氣，關懷部下，因此，他們都會齊心協力，把公司經營得更好。另外，這件事一旦傳向社會，那些有真才實學而暫不得志的人，必然會擁向利維的懷抱，從而使他的人才隊伍日益擴大，使公司實力大為增強。

老闆只有對員工上演一幕幕動人的人情戲，才能給你帶來無窮無盡的生意和財富。

李嘉誠認為，企業養活員工已經是過時的經營理念，現在新的經營理念應該是員工養活公司、養活企業。企業就像家庭，員工就是家庭中不可缺少的一分子。

一個人活在世上有的時候為了名可以捨利、可以忘生，掌握這一點，無往不利。因此，善待自己的屬下特別是跟隨自己多年的「老臣子」，使其「士為知己者死」，讓人產生一種經營者非常「念舊」的感覺，就可以用最小的代價換取人心，使別人原意為你肝腦塗地。

北角的長江大廈是李嘉誠擁有的第一幢工業大廈，是他發展地產大業的基石，又是他贏得「塑膠花大王」盛譽的老根據地。

一九七〇年代後期，香港某著名記者為她的廣告公司租場地，跑到長江大廈看樓，發現李嘉誠仍在生產塑膠花，而此時，塑膠花早已過了黃金時期，根本已無錢可賺。

長江地產業當時的贏利已十分可觀，就算塑膠花有微薄的小利，對於長江實業來說，增之不見多，減之不見少，但李嘉誠卻仍在維持小額的塑膠花生產，不外是顧念著那些老員工，給他們一點生計。

長江大廈租出後，塑膠花廠停工了，不過，老員工亦安排在大廈裡任管理事宜。李嘉誠對待老員工是很念舊的。他認為，一家企業就像一個家庭，老員工是企業的「功臣」，理應得到這樣的待遇。現在他們老了，作為晚一輩，就該負起照顧他們的義務。唐太宗李世民將舟比喻為皇帝，將水比喻為民眾，說：「水能載舟亦能覆舟。」李嘉誠的觀念與唐太宗的十分相似，不同的是，李嘉誠將其闡發在商場上。

領導者對於人情投資，必須有一個正確的認識。光會說一些漂亮話是不夠的，還要配合實際行動，在一些細節上不失時機的顯示你的關心和體貼。所以，在日常工作中，管理者不可錯過任何與下屬聯絡感情的機會。尤其是下面這些機會一定不要錯過。

(1)與下屬打成一片。

老闆並不總是老闆，跨出了公司的大門，你就要做大家的夥伴，無私的盟友，這樣才能與下屬打成一片。因此，當下屬請你參加工作之外的聚會的時候，最好不要拒絕，因為這是增加了解下屬與他們進行溝通的大好時機，同時，你的參與也能讓他們感覺到你對他們的重視和尊重。

(2)下屬的生日時，要送上真誠祝福。

管理者要記住員工的生日，在他生日時向他祝賀。生日這一天，一般都是家人或知心朋友在一起慶祝，聰明的管理者不會忘記這是進行感情投資的好機會，為員工送上一個蛋糕，一束鮮花，即便是一張賀卡，也能溫暖員工的心，讓他們感受到濃濃的人情味。

(3)員工生病時，不忘親自探望。

員工住院時，管理者一定要親自探望。不用說，身體康復之後，員工對工作一定會更加努力。

(4)關心員工的家庭。

溫馨的家庭對於員工至關重要。如果沒有家庭作後盾，員工是無法安心工作的，所以管理者對員工家庭的關心，會讓員工更加感動。

(5)在細節上關心員工。

如果管理者善於在許多看似平凡的時刻，或者一些不引人注意的微小事情上，展現出自己對員工的關懷，一定會收到意想不到的效果。

(6)當員工有一些特殊需求時，盡量滿足他。

任何人都會有些私事，如果時間恰好與工作時間相衝突，尤其是在下屬提出了請求的時候，管理者盡量滿足他。

(7)抓住歡迎和送別的機會，表達對下屬的重視。

名流圈子：讓你成功的更直接

結交成功人士，不僅能夠學習其觀念、優點、做法，而且，自己在其指導下也可能少走很多彎路。哈佛行政學院的教授吉威特認為：每一個偉大的成功者背後都有另一個成功者。沒有人能僅憑個人力量就會達到事業頂峰的，要成為出類拔萃的人，你就要吸收有助於你事業成功的資源，而在其他領域有所建樹的人就是你最大的資源。你要做的就是找到他們，構建有助於你的事業的「圈子」。

美國有一位名叫亞瑟．華卡的農家少年，他就是靠著與一流人的接觸與親近，從而獲得了忠告並走向成功之路的。

這一天，亞瑟．華卡為了尋找成功之路跑到了紐約，也不管幾點開始辦公，早上七點就到了戚廉．

亞斯達的事務所。

在第二間房子裡，華卡立刻認出了面前那體格結實，長著一對濃眉的人是誰。高個子的亞斯達開始覺得這少年有點討厭，然而一聽少年問他：「我很想知道，我怎樣才能賺得百萬美元？」他的表情便柔和並微笑起來，倆人竟談了一個鐘頭。隨後亞斯達還告訴他該去訪問那些其他企業界的名人。

華卡照著亞斯達的指示，遍訪了一流的商人、總編輯及銀行家。

在賺錢這方面，他所得到的忠告並不見得對他有所幫助，但是能得到成功者的知遇，卻給了他自信。他開始仿效他們成功的做法。

又過了兩年，這個二十歲的青年成為他學徒的那家工廠的所有者。二十四歲時，他是一家農業機械廠的總經理，為時不到五年，他就如願以償擁有百萬美元的財富。這個來自鄉村粗陋木屋的少年，終於成為銀行董事會的一員。

華卡在活躍於企業界的六十七年中，實踐著他年輕時來紐約學到的基本信條，即多與有益的人相結交。會見成功立業的前輩，能轉換一個人的機運。

薩加烈曾說：「如果要求我說一些對青年有益的話，那麼，我就要求你時常與比你優秀的人一起行動。就學問而言或就人生而言，這是最有益的。學習正當的尊敬他人，這是人生最大的樂趣。」

不少人總是樂於與比自己差的人交際。這的確可以得到自慰。因為，在與友人交際時，能產生優越感。

可是從不如自己的人當中，顯然是學不到什麼的。而結交比自己優秀的朋友，能促使我們更加成熟。

總之，事業成功的人，有賴於比自己優秀的朋友，不斷刺激自己力爭上游。我們可以從劣於我們的朋友中得到慰藉，但也必須獲得優秀的朋友給我們的刺激，以助長勇氣。

實際上，名流的概念是十分寬泛的，各行各業的成功人士都應視為名流，比如政界要員、專家學者、企業家、傑出青年、技術能手、發明家等等。所謂「行行出狀元」，各個行業的「狀元」都應該納入名流行列，因為他在一個行業裡有著特殊的影響力。

常言道：結交須勝己，似我不如無。與不如自己的人交朋友，固然可以獲得自慰，但終究學不到什麼；而與名流交往，是為了學習他們成功的經驗，以促進自己快速成才。總之，結識名流可以使你站在巨人的肩膀上，站得更高，看得更遠，受益匪淺。

異性圈子：開闢人際半邊天

光交同性朋友，可以說只打開了交際的半邊大門，要想做成一些事情，最好是把大門全打開，既交同性朋友，又交異性朋友。這樣你的人脈圈就會更大。

我們不可以將異性朋友限於情愛圈內，應昇華到純真上來。異性之間，除了愛情，成為朋友是人與人之間最好的、最恰當的交往方式，作為一個處世高手，他的同性朋友和異性朋友一樣多。正因為存在著性別的差異，異性友誼才顯得更加珍貴。

結交異性朋友需要正當的理由和環境氣氛。共同的興趣和事業理想是異性交往的自然理由，參與聯誼活動是異性交往的理想方式。

結交異性朋友要掌握一定的分寸。異性交往畢竟不同於同性交往，要尊重對方的生理心理特點。切忌語言粗陋，任何行為的失態都會斷送異性間的正常交往。

異性朋友的情誼往往非常珍貴，也非常真誠，只要你心地純潔，胸懷坦蕩，就會體驗到異性友誼的芬芳。

男人的成功一般是透過實際的競爭取得的，而女人的成功則往往是利用社交取得的，身為女人，懂得經營人脈圈子，才能創造財富，最終成為幸福快樂一生的贏家。

著名影星陳沖曾公開承認：「我不得不相信，我的生命中是有貴人的。」她特別要感謝在事業上改變她一生的幾位貴人。

第一個貴人是著名導演謝晉。謝晉拍攝影片《青春》，選中她主演影片中的女主角啞姑，從此她步入影壇。

第二個貴人是電影《小花》的導演黃建中。黃建中拍攝《小花》，選中她做女主角。憑著這一角色，她獲得了電影百花獎最佳女主角，成為影星。

第三位是美國導演，對方第一眼見到她，就把她推薦給《末代皇帝》的導演，令她揚名好萊塢和亞洲。第四位貴人，則是她口中的「Paul Chao」，她說，此位男性在她初到美國時，幫她找學校，讓她可以安定下來。

陳沖一九六一年出生於上海，父母是從事醫學工作的高級知識分子，她的外祖母英語口語、筆譯水準都非常出色，使她從小受到各種良好教育。她讀小學時，開始學習彈鋼琴、拉手風琴；讀中學時，參加了學校劇團的活動，演出了許多文藝節目，為日後的演出打下了堅實的基礎。

一九七六年，上海電影製片廠到她所在的中學物色演員，她有幸被選中，在上影廠演員劇團學習表演。一九七七年，她考入上海外國語學院，適逢著名導演謝晉拍攝影片《青春》，選中她主演影片中的女主角啞姑。在影片中，她的表演質樸生動，初登銀幕便受到了觀眾的好評。

一九八〇年，北影廠請她在影片《小花》中飾女王角趙小花，這是她真摯表演風格展現得最充分的一部影片。在影片中，她重視體驗人物內在的瞬息多變的情緒，運用眼神說話，表演含蓄深沉，表達準確，分寸得當。影片公映後引起了觀眾的強烈反響，她為此獲得了當年度「百花獎」最佳女演員獎，影片也獲得了優秀故事片獎，她還在南斯拉夫國際電影節上獲最佳女演員獎。

拍完《小花》後，她相繼參加了影片《海外赤子》和《甦醒》的演出。在《海外赤子》中，她飾一位具有強烈愛國心的華僑女子黃思華。這一形象無論從生活閱歷和性格發展來說都比她以前飾演的人物要複雜得多。結果她表演大獲成功。

由於她有著極好的英語水準，一九八一年赴美國紐約州立大學學習戲劇。幾年來她一邊工作一邊讀書，不但以優異的成績從大學畢業，而且參加了電影《大班》和電視劇《相逢在北京》、《瑪愛米的罪》的演出。一九八七年，她應義大利、美國、中國合拍的故事片《末代皇帝》中飾皇后婉容。該片的成功使她引起了世界的矚目。陳沖追求的是非風格化的表演。她也是第一位被美國電影學會接納為「會員」的華裔演員。

正因為陳沖在自己的人生路上遇到了這幾位貴人，讓她成就事業的路途一馬平川。

周凱旋是一個玲瓏剔透的女子。她是房地產女商，又是社交圈裡的名流，還是支持慈善事業的幕後功臣。

周凱旋的故事並非香港的財富故事，外界對周凱旋議論最多的是她與董建華和李嘉誠的關係。她的鉅額財富的原始累積的確是得益於這兩個男人：一個是香港最有權力的男人——董建華；一個是香港最富有的男人——李嘉誠。她是他們都非常賞識的能幹女人。

當時香港電影界有一名很有影響力的女經理人，叫施南生。她是個求才若渴的人，只要是人才，不問來歷出身，她都視若珍寶。周凱旋向施南生自薦，說能幫新藝城賣到歐洲。施南生一下就喜歡上了這個自信、精明的年輕女子，兩人於是結為好友。

在施南生的扶持下，周凱旋漸漸進入了上層社交圈。除了結識香港及東南亞各路商家外，周凱旋與娛樂界明星的關係也很好。不過，周凱旋更想與自己的東家董氏集團打好關係。後來她結識了另一位朋友張培薇，她是董建華的表妹，對董事長的影響甚大。建立好人際關係網後，周凱旋的商業生涯才變得順暢起來。

位於北京長安街，距離天安門僅一千兩百公尺的東方廣場是華人首富李嘉誠投資的亞洲最大建築群。誰曾想到，東方廣場竟始於一位名不見經傳的小女子之手，是她將長安街上十萬平方公尺土地賣給了李嘉誠，因此獲利四億港幣。她就是周凱旋。

一九九二年，董建華下屬的東方海外公司準備投資地處北京王府井邊緣、位於北京飯店後面的一塊地產。周凱旋找到張培薇說：「我們在北京找一塊有投資價值的地皮，如果董先生不做，我們就自己做，投資一人一半，做什麼自己定。」誰能料到，亞洲最大的綜合性民用建築東方廣場竟發源於此。

一九九二年八月的一天，這兩個年輕女人採用一種最直接的辦法來實現夢想——她們在長安街上走來走去，搜尋著自己的目標，最後將目光鎖定在兒童電影院那幢六層高的樓房上。兩人商定將樓房重新裝修一下，然後開一家店。

一位女經理接待了她們。周凱旋開門見山，說自己想買這幢樓房。如此大事，女經理豈敢作主，就打電話通知了當時的東城區文化局長陳平。很快，陳平告訴她們另一個消息，令倆人欣喜若狂：兒童影院不能單獨開發，整個長安東街及王府井地區都屬於統一規劃，要開發兒童電影院必須將其周邊一萬平方公尺面積整片開發。

周凱旋毫不猶豫，馬上決定：整塊地全部做。後來周凱旋又提出了一個更大膽的計畫：把周邊幾塊地一併吃下，占地面積從一萬平方公尺逐漸擴至十萬平方公尺。既然是以董氏集團的東方海外公司名義做，專案名稱就叫「東方廣場」。毫無地產經驗的周凱旋在日後分析自己當初的投資意識時這樣說：「財富機會只會降臨在有膽識又很謹慎的人身上。」

周凱旋說服了東城區一起合作開發──「我反覆說明一點，我不是炒地的香港地產商，而是真正想做一點事情。」他們也很高興，一旦做成，對東城區今後發展大有好處。

東方廣場專案在香港引起了轟動，董建華親自出面，邀請多家地產商合作，也曾找到香港地產界頭號人物李嘉誠。周凱旋亮出所有單位的合作意向書，提出如果李嘉誠要做這個專案，自己應該賺取相當於總投資百分之二點五的佣金。她一舉成功。

一九九三年秋天，周凱旋在北京王府飯店與李嘉誠見面，她事先準備了厚厚一疊資料，精心組織了各種理由以說服李先生。當他們面對面坐下時，李嘉誠開口就問，負責這個專案是否因為妳有豐富的地產經驗？周凱旋直言相告沒有。李嘉誠沒再追問她的經驗和閱歷，只問她用什麼辦法弄完拆遷和土地平整。

五分鐘後事情談妥，李嘉誠一口答應了周凱旋提出的佣金比例，並由她負責全部拆遷和辦成全套手續。果然，六個多月後，東方廣場所徵用土地全部騰空，地面建築物被夷為平地。

在這個以「合力」取勝的社會裡，具有營造人脈的本事，對一個欲成就大事業的人來說是至關重要的。累積一定的貴人人脈，對於事業以及生活都能起到良好的作用。

知己：一生一世的朋友

人生得一知己，足矣！知己，當你一旦擁有時，就是你一生一世的朋友。

人的一生不能沒有朋友，然而，真正的朋友在於「人之相知，貴相知心」。天地之大，卻不是人人都能成為朋友。

「管鮑之交」是天下交友者推崇的楷模。正因為鮑叔牙對管仲知人、知心，「同憂相親、同憂相救」，才有管仲發出「生我者父母，知我者鮑子」的感嘆。

「世無鍾子期，誰知心所屬」的俞伯牙，當會聽琴的鍾子期去世之後，善鼓琴的俞伯牙心裡究竟想些什麼，便再也無人知曉其意了。於是，俞伯牙毀琴以示紀念自己的知己。難怪古人要唱道：「不惜歌者苦，但傷知音稀」啊！

的確，在人的一生當中會有很多朋友，但能擁有知己者，那是人生莫大的殊榮。或許有些人窮其一生，都未曾找到自己的知己。正所謂：人生得一知己，足矣……

孔子也說：「有朋自遠方來，不亦樂乎！」這裡所說的朋友，當然是指對自己相交有益的朋友，也就是孔子所說的「友直，友諒，友多聞」，即正直、誠實和有教養有學識的朋友。真正的朋友，相互尊重，不相互吹捧；往來頻繁，但不過分親暱；往來不多，卻也是心心相印。

在志同道合的基礎上建立起來的友誼，是萬古長青，經得起任何考驗的。與品格高尚的人交朋友，結下的真摯友誼是事業成功的催化劑。

在這個世界上除了有同性知己，還有異性知己，除了情人和普通朋友關係之外，男人和女人之間的關係也存在第三種，即所謂「藍顏知己」。也許每個女人的生命中都會經歷這樣一個男人，他不是你的普通朋友，因為你們幾乎已經無話不談、相知無間；但他又不是你的丈夫或情人，你們不屬於親密愛人的範疇之內；你們對彼此間的感覺如同是朋友、兄妹或者親人，但絕對不是情人。你們之間的關係是如此微妙，前進一步容易為情所困，後退一步則可能形同陌路。這樣的第三種關係，就是我們所說的「藍顏知己」。

讓我們先看兩個例子。

曉麗是一個聰明的女人，由於職業的原因，她需要結交各行各業的男人。這些男人中即便是謙謙君子，也少不了對她懷有非分之想，因為她是那麼年輕漂亮，又富於文采。

曉麗了解他們的心，但是她更懂得，「世上沒有白吃的午餐」。所以每當男人主動提出送她什麼手機、鑽石項鍊，熱切的承諾幫她辦事，三天兩頭的請她吃飯、跳舞時，她第一個反應就是：「拿人手短，吃人嘴軟，欠他的情我用什麼來補償呢？」於是，她會以合情合理的託辭婉拒，既不傷人面子，也逃脫了狼一樣的追逐。

「藍顏知己」的關係，應該明智的處理，把握住應有的分寸和火候。最重要的是：不要試圖和他進一步發展關係。

異性知己，即便你們之間如此親密，以至於他也曾經有一段時間為妳的性感而迷惑，妳也曾為他的權力、地位、金錢、成功而傾倒，但一定不要逾越最後的防線。或許，妳有時會動心：既然兩個人如此親密默契，何不前進一步，成為戀人，或做個情人？那樣一定會很幸福、很快樂的。

但是這樣想的時候，妳需要靜下心來想一想，你們真正成了情人，你們會不會能相處得融洽？會不會出現愛的風波，最後因情變而斷交？因此，不要輕易破壞藍顏知己這份美麗的寧靜，你們之間應該保持著最後的一點距離，在這段距離中你們相互陪伴、彼此欣賞、彼此依戀、不離不棄，你們才能相處得更長久。

異性情人：人生重要的一脈

美人是一種陰柔之物，美人遇見貴人，要在貴人的心理方面發動進攻，把美人的優勢淋漓盡致的發揮出來。

中國唯一的女皇帝武則天，一個弱女子在當時那種社會環境中，竟能登上中國最高的權力寶座，堪稱奇蹟。這和她無與倫比的智謀及善於用「情」來打動貴人是分不開的。

唐太宗李世民駕崩後，年輕的武則天曾被貶到感業寺削髮為尼。太宗的兒子李治，也就是唐高宗，一次去感業寺，武則天便抓住機遇，百般在李治面前表現女人的溫柔、美麗，令李治心馳神往。李治繼位後，便以進香為名急急忙忙的前往感業寺，去看想念已久的武則天。

進香完畢，當武則天奉召來到李治面前的時候，李治不禁大吃一驚。他看到，武則天依然娉娉婷婷，姿色不減當年，但眉宇間卻隱藏著無限惆悵。武則天見李治已動容傷神，就更加表現女性的柔弱，她行禮過後，半晌無言，只是默默流淚。李治心軟，往昔的舊情，今日的重逢，使他頓增對武則天的憐愛。他親手為武則天拭去臉上的淚水，安慰說：「朕未嘗一日忘情，只因喪服未滿，不便傳召。今日到此，便是為了重敘舊情。」

武則天一看李治已動情，便情深意篤的向李治述說了別後的情思，傾訴了她的思念、痛苦和愁悶。她雖沒有乞請皇上傳召，但那感人的話語深深打動了高宗李治的心。他向武則天表示一定爭取盡速傳旨，召她回宮。

不久，武則天便被李治召回皇宮。從此，她在自己精心設計的征途上，一步步走向人生的最高峰。

身為一個男人，如果你看準了她是你生命中的貴人，而且情況允許的話，不如乾脆愛上她。

一九一五年五月，袁世凱為了換取日本對他稱帝的支持，接受了滅亡中國的「二十一條」。「皇帝夢」使他將禮義廉恥忘得一乾二淨，不顧背上「賣國」的惡名，全國民眾和一些愛國人士紛紛指責他，譴責他賣國求榮的無恥罪行。有一位愛國將領叫蔡鍔，對此事件提出了強烈的憤慨，力主拒絕這喪權辱國的條約，還制定了祕密作戰計畫，並上書袁世凱，希望他回心轉意，以國家和民族的命運為重，採納自己的意見。結果，袁世凱對蔡鍔頓生敵意，借助商議國事的機會，將蔡鍔及其全家調進北京，予以軟禁。蔡鍔終於看清袁世凱這個竊國大盜的廬山真面目，為攘除奸凶，他寢食難安。後來，他很幸運的遇到了一個人，最後得以脫險，此人便是北京城裡一位孤傲多才且又具愛國之心的藝妓，名叫小鳳仙。

蔡鍔為了迷惑袁世凱，獨自在京城的風月場相約小鳳仙。在相處過程中蔡鍔非常驚訝，沒想到眼前這位女子卻悉知天下之事，而且才華橫溢。小鳳仙最後透過向來者求字為由，終於知道眼前這位客人就是大名鼎鼎的蔡鍔將軍，最後兩人談到深夜，相見恨晚。後來，蔡鍔為小風仙贖身，兩人相愛並公然同居，但此事引起蔡夫人的不滿，也引起了滿城風雨。

袁世凱得知這些消息後，以為蔡鍔沉醉於溫柔鄉中，喪失鬥志，心裡暗自高興，然而，他哪裡知道蔡鍔暗中卻在緊急聯絡反袁勢力。就在他放鬆警惕的時候，蔡鍔在小鳳仙的掩護下，變裝悄悄離開了京城，得以順利脫險東渡去了日本。為他後來轟轟烈烈的革命事業打下堅實的基礎。可以說沒有小鳳仙的支持幫助，就沒有後來蔡鍔革命事業的成功。

休閒圈子：讓你的生活更豐富

快樂源於一種分享。兩人分享就成為兩個快樂，三人分享就成為三個快樂，因此，你的娛樂休閒圈子越多越廣，你得到的快樂就越多。

(1) 運動圈子——健身不孤獨

你若參加一個戶外運動俱樂部，可以到戶外探險、自助旅遊、野外團隊拓展訓練及戶外野營、垂釣。或者有喜歡攀岩、探洞、溯溪戶外運動等志同道合的朋友，你也可以透過網路與這些熱愛運動、享受健康生活的朋友分享照片、影片等，全方位的展示自己，與運動圈友分享快樂。

(2) 歌友圈子——只要你愛唱也愛聽

「音樂是一種享受，也是一種人生態度。」這句話說的一點都不假。因為在音樂中，人們能感受到最單純的聲音，使人在其中忘卻一切。

據心理學家稱，音樂對人的精神狀態和心境的影響是十分顯著的，聲音可激發起人們的不同情感，負面心理透過優美聲樂可以轉化為正面生理效應。許多人可能都有這樣的感受：在工作、學習之後聽一首優美的樂曲，往往會感到心情清爽、疲勞頓消。因此，有人稱音樂是神經系統的「維他命」，是花錢最少的「健康食品」。

你不妨把有愛音樂的人組織起來，一起唱歌，也是一種快樂的生活方式。各大公園裡經常有一些樂團或流浪歌手，他們就是一群有音樂共同愛好的歌友圈子，大家一起唱歌，一起享受音樂帶給人們的快樂，不能不說是一種高品質的享受。

(3)棋友圈子——想下就下

大家在工作職位上忙碌了一天一週，很需要透過一個娛樂活動好好放鬆一下，緩解工作中帶來的壓力和勞累，琴棋書畫中的棋也是一種很好的方式，棋友俱樂部就是這樣一個好圈子。

看看這個棋友加入圈子是多麼的快樂：

我過去只在新攝會和文學天地活動，因為棋下的不好，也不敢加入到這個隊伍中，在一些的朋友的關懷下，希望我加入這個圈子，這是我第一次到這個圈子活動，同大家一見面，就和認識多年的老朋友那樣親切，也都非常開心，大家在一起過得真開心，我三年多來第一次玩的這樣痛快，因為年紀有點大，雖然有點疲倦，但我忘記了每天做飯看小外孫的勞累，真是一個愉快的夜晚。我為加入棋友俱樂部這個圈子而快樂，也同樣希望各圈子的活動搞得更好，讓人們在圈子中找到快樂。

(4)舞友圈子——讓你舞動起來

很多人都認為跳舞可以塑身，培養氣質、品味。跳舞確實可以培養氣質，舞蹈是一種全身性的運動，在跳舞的時候身體的各個部位都會得到鍛鍊，久而久之，變化就出來了：首先，經常跳舞的人的站姿就與平常人有所不同，經常跳舞的人站姿比較好看，抬頭挺胸，男士給人一種器宇軒昂的感覺，女士給人一種自信而且大方的感覺；再說走姿，練過舞蹈的人腰部和胯部比較靈活，腿部和腳部相對有力量，很穩當，走起路來會更好看，更優雅。總之，經常練舞的人給人的第一印象都很好，舉手投足都很優雅，給人美好的視覺感受。

舞蹈愛好者集聚圈子裡，無論男女老幼，喜歡舞蹈的朋友透過活動找志趣相投的夥伴，搭建一個舞友圈子，共同提高舞技，也是很好的交朋結友擴大生活圈子，提升生活品質的一個圈子。

總之，娛樂休閒種類繁多，加入不同的休閒娛樂圈子，你就有不同的品味生活；提高你的個人素養，擴大你的愛好，你就會被各式各樣的娛樂圈子所套牢。

第九章 經營圈子要會識人

圈裡圈外，我們每天都要與人打交道。人心是最複雜的。練就一雙洞悉人心的火眼金睛，你才能遊刃有餘於圈子裡，順風順水於圈子外。

察言觀色是一門學問

察言觀色是圈子交往必須操縱的基本技術。不會察言觀色，等於不知風向便去轉動舵柄，弄不好還會在小風浪中翻船。

《論語．顏淵》：「夫達也者，質直而好義，察言而觀色，慮以下人。」察言觀色由此而來，教育部辭典對其進行了這樣的釋義：觀察人的言語神情以揣測對方的心意。

從前，有這樣一位舉人，經過三科，又參加候選，謀得了一個某縣縣令的職位。第一次去拜見上司，想不出該和上司說什麼話。沉默了好一會兒，忽然問道：「大人尊姓？」這位上司聽後很是吃驚，但還是勉強說了姓某。

縣令又低頭想了許久，說：「大人的姓好特別，是百家姓中所沒有的。」上司更加驚異，說：「我是旗人，難道貴縣不知道嗎？」

縣令恭敬的站起來，說：「大人在哪一旗？」上司說：「正紅旗。」縣令說：「正黃旗最好，大人怎麼不在正黃旗呢？」上司聽罷，勃然大怒，問：「貴縣是哪一省的人？」

縣令說：「廣西。」上司說：「廣東最好，那你為何不在廣東？」縣令吃了一驚，這才發現上司滿臉怒氣，慌忙退了出去。

第二天，上司讓他回老家，去學校任教職。

這位舉人之所以導致這樣的結局，究其原因，關鍵在於不會察言觀色所致。如果我們真能在交際中練就一番察言觀色、隨機應變、解讀對方心思的工夫，在圈子交往中，一定會順風順水。

剛踏入職場不久的王先生，他在大學時代是一個各方面表現都很優秀的學生。王先生原本以為自己在公司裡會一帆風順，步步高升，但讓他萬萬沒想到的是自己處處碰釘子。包括老闆、同事、客戶，幾乎公司裡的每個人都在給他臉色看，令他難堪。究其原因，只因他不會察言觀色。

有一次，劉小姐滿臉不快的從老闆辦公室裡走出來，看起來像是被老闆罵了，王先生不知死活，立即走過去說：「劉小姐，妳是不是又被老闆罵了，沒事！別放在心上。」劉小姐很是不自在的冷眼看了他一下，硬生生說了句：「才沒有，你別胡說八道！」說完，扭頭就走了，把尷尬的王先生丟在了辦公室的門口。

還有一次，王先生的一個朋友從國外回來，過來看看他，他想請半天假，可話剛說出口就被老闆訓了一頓：「沒看到公司最近一段時間業績不理想嗎？還請假！不賣力工作想餓死啊！」碰了一鼻子灰的王先生，事後才從同事那裡得知，這位上司剛被老闆叫過去談話。

透過上述這兩件事，我們不難看出王先生遭人白眼的真正原因。用俗語來說，王先生就是一點「眼力」都沒有，明明知道同事被罵，心情本來就不好，他還非要去問上一句。這樣做的後果，無疑是在人家的傷口上撒上一把鹽，只能讓人更痛。無異於火上澆油一般，劉小姐豈有不憤之理。

像王先生這種沒有眼色的人，誰都不會喜歡。

由此可見，在職場圈子交往中，需要敏銳觀察對方的「言色」，懂得「看臉色」，從而了解別人的想法，只有這樣，才能做出令人滿意的舉動，也只有這樣才能進退自如，達成既定的目標。

那麼如何做個會察言觀色的人呢？下面幾點值得注意：

(1)眼睛：眼睛是靈魂之窗，也最容易洩漏祕密的地方，學會觀察眼神，識人即可事半功倍。

(2)手勢：一般認為揉眼睛、捏耳朵代表虛偽、猶豫或焦慮。如果一個人說話時頻頻碰觸嘴巴或耳朵，他可能在說謊；如果是聽話的一方這麼做，則代表他認為對方在說謊。

(3)聲音：焦慮、具攻擊性或喜歡強出風頭的人，說話音調較高或習慣大聲；語調低沉的人較自信，習慣拉高尾音容易被當做不成熟。

(4)笑容：是最有說服力的溝通工具，不只代表快樂幽默，也可能意味道歉、防衛或諒解。

掌握了以上幾點，你就可以輕鬆的學會察言觀色了。

練就識人的眼力，你就可以在圈子交往中迅速準確的看透對方的心理，從而占盡先機，遊刃有餘的面對各種人生挑戰。

觀相貌，知性格

相貌是人天生的，他們和性格有著密切的關係。性格是指人對現實中客觀事物經常的穩定態度，以及與之相應的習慣化了的行為方式。比如說，有的人小心謹慎，有的人敢拚敢闖，就是兩種截然不同的習慣化的行為方式，人們根據他們外現出來的習慣化的特徵，來判別這兩種人的性格差別。

性格的形成固然會受到遺傳因素的影響，但主要是在後天環境中磨練出來的。而且，定型之後，有很強的穩定性。一夜之間判若兩人的情況多半屬短期行為，是因為受到莫大刺激突變的結果，一段時間以後，固有性格又會重現，這是因為習慣化的行為方式的緣故。性格成形穩定後，既不容易改變，對人的行為也會產生極大的支配作用。習慣逆來順受的人，如果不經歷大波折、大痛苦，是很難迅速轉變成一個堅決果斷、隨意遷怒別人的人的。

在需要做出大決斷的關頭，最能展現一個人性格的優劣：決斷之間，幾乎已經裁定了成功與失敗。

性格良好的人在錯綜複雜的危機時刻，能沉得住氣，全神貫注於問題之中，心無旁騖，不為他事所擾，像釘子一樣專攻一點。因此，能夠獲得成功。排除巧合、運氣因素外，這中間是習慣化的行為方式在發揮關鍵性作用。

專家研究發現，一個人性格與相貌有很大的關係。

體貌高大，儀表堂堂，生此相者，掌重權，具有很強的決斷力和行動力。而厚樸穩重之相，性情溫順和氣，行動老練持重。

歷史上關於這類事情，有許多趣話。

呂公到沛縣客居，縣令待為上賓。有一次呂公祝壽，蕭何擔任主吏，負責迎接賓客和收受賀禮，送禮不滿一千兩的人，在堂下就坐。高祖寫了張禮單「賀錢一萬」，其實一毛錢也沒帶。呂公大驚，看到高祖的相貌，就非常尊敬他，酒宴快結束的時候，呂公說：「我從小喜歡為人看相，相過的人已經很多了，沒有一個比得上你的相貌，希望你好自珍愛。我有一個女兒，願意把她嫁給你為妻。」酒宴結束後，把女兒嫁給劉邦，呂公的女兒就是呂后，生了孝惠帝和魯元公主。

過去，漢武帝喜歡打獵，有時是群臣俱往，盛況浩大，有時則是輕服便裝，只帶小隊人馬。有一次輕服便裝打獵晚歸，路經一村子借宿，開門的老爺爺見來者不善，帶著弓馬刀箭的，以為是盜匪，不敢怠慢。待漢武帝一行人歇下後，老爺爺找老奶奶商量，想去招呼集結其他晚輩來攻打這群「強人」。老奶奶急忙制止老爺爺：「我看那領頭的人氣度不凡，容貌之間有種頂天立地、不為事勢所曲折的氣概。這不應該是普通貴人的容貌，一般盜賊更不用提了，還是謹慎一點好。」

漢武帝的侍衛自然將此話聽在耳中，報告給漢武帝。第二天早起，見一夜無事，老爺爺心中稍安。不過數日，朝廷下旨封老夫婦為官。原來漢武帝驚奇於老婆婆的識人能耐，故有心照顧二老。

如此看來，老婆婆雖沒有多少官場經驗，但生活經驗卻教給她一些辨別相貌與人的性格、特質、才能關係的本領，因而有此趣聞留傳後世。

在圈子交往的過程中，除了要考慮對方身分以外，還要注意觀察對方的性格。一般說來，一個人的性格特點往往透過自身的言談舉止、相貌的變化等方面流露出來。

明英宗對朝臣的相貌也特別看重。天順時，大同巡撫韓雍升為兵部侍郎。英宗下詔讓大學士李賢舉薦一個與韓雍人品相同的人繼任。李賢舉薦了山東按察使王越。王越長得身材高大，步履輕捷，又喜著寬身短袖的服飾。英宗見後很是滿意，說：「王越是爽利武職打扮。」後來王越在邊陲果然頗有戰功。

人的相貌和性格有說不清的千絲萬縷的關係。

古人認為，好的面色是：面相有威嚴，意志堅強，富有魄力，處事果斷，無私正直，嫉惡如仇；禿髮謝頂，善於理財，有掌管錢物的能力；顴骨高聳圓重，面目威嚴，有權有勢，從人依順；顴高鼻豐並與下巴相稱，中年到老年享福不斷；顴隆鼻高，臉頤豐腴，晚年更為富足；顴骨高聳，眼長而印堂豐滿，臉相威嚴，貴享八方朝貢。

古人認為不好的臉色是：顴高臉頤削瘦，做事難成，晚年孤獨清苦。顴高而鬢髮疏稀，老來孤獨；顴高鼻陷，做事多成亦多敗。薄臉皮的人常常會被誤認為高傲，或者能力差。這些誤解更增加了薄臉皮在人際交往中的困難。因此，他們在處理問題時常常不敢大膽行事，寧願選擇消極應付的辦法，他們對工作往往但求無過，不求有功，怕擔風險。然而，臉皮薄的人並非一無是處。一般說來，臉皮薄者的為人倒是比較堅定可靠的。他們是好部下、好朋友，在特定的狹小範圍內，還可以充任好骨幹。

人體貌文秀清朗，姿容樸實端莊，神情自若，是聰明睿智靈活機巧的人，做事有創造性和進取心；質樸而不清秀的人則性格內向性情孤傲。

體形孱弱，神色渾濁萎靡，脖子長、兩肩縮、腳歪斜、腦袋偏、兇神惡煞之相的人，心地狹窄，性情卑劣。

削薄軟弱、體貌形狀孤單瘦弱的人，性情孤僻、內向、怯懦，愚昧無知，意志薄弱，為人處世沒有主見，無所適從；粗俗魯莽之相的人，性格反常不定，喜怒無常，不能自持。

「中年發福」的人，大多正值體力最充沛的黃金時代。他們能夠很從容的順應周圍的情勢，給人一種溫馨。他們多屬於活動性的人，被人奉承時，往往做順水推舟的姿態。這種人雖然常施小計偷懶，但並不被人憎恨，他們之中很多人會被周圍的人原諒，從而還頗受歡迎。活潑開朗、樂於助人、行動積極、善良而單純是這類人的性格特徵。他們經常保持幽默感，顯得充滿活力，同時也有穩重、溫文的一面。

這種類型的人，有很多是成功的政治家、企業家和臨床醫師。

善解人意，頭腦敏捷，擁有同時處理許多事情的才智，這是他們的最大長處。不過，考慮問題缺乏一貫性，經常失言，過於輕率，自我評價高，喜歡干涉別人的言行等，則是其缺點。

長著孩子臉形，卻是年紀不小的成年人，雖然有不成熟的外表，卻有著老成的表現，看起來使人覺得不協調。此種類型的人，喜歡以自我為中心，而且個性好強。

這種人的周圍，永遠都洋溢著熱鬧而且豪華的氣氛，如果話題不是以他為中心，他就會感到不愉快。此外，完全不聽他人的話，可以說是任性類型。這種類型的特徵是，即使涉獵不深，但卻擁有廣泛的知識，他們利用這種知識，去批評小說、音樂、甚至戲劇。並且因此而顯得談吐風趣，擅長使他人發笑。

從眼神來了解對方

愛默生說：「人的眼睛和舌頭所說的話一樣多，不需要字典，卻能從眼睛的語言中了解整個世界。」的確是這樣，眼睛的語言，是人臉部的主要表情之一，它與一個人的思想感情有著密切的不可分割的關係。一個人的所思所想很多時候會透過他的眼神表現出來，所以，透過觀察一個人豐富的眼睛語言，也可以在某種程度上對他有一個大致的了解和認識。

當一個人對另外一個人產生了好感，他沒有用語言表達出來的時候，多會用一種帶有幸福、欣慰、欣賞等感情交織在一起的眼光不住的打量對方。

當一個人表示對另外一個人的拒絕時，他會用一種不情願，甚至是憤怒的眼神，輕蔑的進行嘲諷。

當一個人看另外一個人時，用眼光從上到下或是從下到上不住的打量時，表示了對他人的輕蔑和審視。而且自我感覺良好，有些清高自傲，喜歡支配別人。

在談話的時候，如果有一方眼光不斷轉移到別處，這說明他對所談的話題並不十分感興趣，另一方意識到這一種情況以後，應該想辦法改善這種局面。

在談話中，一方的眼神由灰暗或是比較平常的狀態，突然變得明亮起來，表示所談的話題是切合他心意的，引起了他極大的興趣，這是使談話順利進行的最好條件和保證。

在兩個人的談話中，一個人在說話時，既不抬頭，也不看另外一個人，只顧說自己的，這很大程度上表示了對另外一個人的輕視。

當一個人用兩隻眼睛長時間盯著另外一個人時，絕大多數情況都是期待著對方給予自己一個想要的答覆。這個答覆的內容是多種多樣的，可能是一項計畫的起草，可能是一份感情的承諾。

當一個人用非常友好而且坦誠的眼神看另外一個人，偶爾還會眨眨眼睛，說明他對這個人的印象比較好，他很喜歡這個人，即使他犯了一些小錯誤，也可以給予寬容和諒解。

當一個人用非常銳利的目光、冷峻的表情審視一個人的時候，有一種警告的意味。

從鼻子的動靜，「看」內心

人的鼻子有沒有身體語言，學者看法不一，有人說有，有人說沒有。

認為鼻子沒有身體語言的理由是，鼻子本身是不能動作的器官，就像耳朵一樣，因此，它們自身不能發出「姿勢」資訊，也就不可能有身體語言。至於用手摸鼻子和摸耳朵所發出的資訊，應歸為手的「語言」。

事實上，鼻子跟耳朵不同，耳朵確實不會動。就這一點，人不如有些動物，如狗遇到「風吹草動」，就豎起耳朵，這表示有「情況」。人的耳朵是「死」的，它只能跟著頭動，而自己不會獨立動。但鼻子則不然，它可以自己動。比如，人們都熟悉的「嗤之以鼻」這個詞，實際上是有動作的，也就是說，在發出「嗤」的聲音時，鼻子是往上提的，只不過動作輕微，不易察覺，但輕微也是有動作的，也是能發出「瞧不起某人」這種資訊的。

有位研究身體語言的學者，為了弄清這個「鼻子」的「語言」問題，專門做了一次觀察「鼻語」的旅行。他去車站觀察，在碼頭觀察，到機場觀察。他旅行了一個星期，觀察了一個星期。由此得出兩點結論：

第一，旅途中是身體語言最豐富的。因為各種地區、各種年齡、各種性別、各種性格的人彙集在一起，而且都是陌生人，語言交流很少，但心理活動又很多，所以，大量的心態都流露出身體語言。他說：「旅途是身體語言的試驗室。」

第二，人的鼻子是會動的，因此，是有身體語言的器官。他說，根據他的觀察，在有異味和香味刺激時，鼻孔有明顯的張縮動作，嚴重時，整個鼻體會微微的顫動，接下來往往就出現「打噴嚏」現象。他認為，這些「動作」都是在發射資訊。此外，據他觀察，凡是高鼻梁的人，多少都有某種優越感，表現出「挺著鼻梁」的傲慢態度。他說，在旅途中，與這類「挺著鼻梁」的人打交道，比跟低鼻梁的人打交道要困難一點。

由此可見，從注意鼻子的動靜，試著「看」出對方的內心。

一、鼻子漲起來時

在談話中對方的鼻子稍微漲大時，多半表示對你有所得意或不滿，或情感有所壓抑。通常人的鼻子漲大是表現憤怒或者恐懼，因為在興奮或緊張的狀態中，呼吸和心律跳動會加速，所以會產生鼻孔擴大的現象。因此，「呼吸很急促」一語所代表的是一種得意狀態或興奮現象。

至於對方鼻子有擴大的變化，究竟是因為得意而意氣昂揚，還是因為壓抑不滿及憤怒的情緒所致？這就要從談話對象的其他各種反應來判斷了。

二、鼻頭冒汗

有時這只是對方個人的毛病，但平日沒有這種毛病的人，一旦鼻頭冒出汗珠時，應該說就是對方心理焦躁或緊張的表現。如果對方是重要的交易對手時，必然是急於達成協議，無論如何一定要完成這個交易的情緒表現，因為他唯恐交易一旦失敗，自己便失去機會，或招致極大的不利，就使心情焦急緊張，而陷入一種自縛的狀態。因為緊張，鼻頭才有發汗的現象。

而且，緊張時並非僅有鼻頭會冒汗，有時腋下等處也會有冒汗的現象。沒利害關係的對方產生這種狀態時，要不是他心有愧意，受良心譴責，就是為隱瞞祕密而緊張所引起的。

三、鼻子的顏色

鼻子的顏色並不經常發生變化，但是如果鼻子整個泛白，就顯示對方的心情一定畏縮不前。如果是交易的對象，或無利害關係的對方，便不要緊，多半是他躊躇、猶豫的心情所致。例如：交易時不知是否應提出條件，或提出借款而猶豫不決時的狀態。

有時，這類情況也會出現在向人表白卻慘遭拒絕時。自尊心受創、心中困惑、有點罪惡感、尷尬不安時，才會使鼻子泛白。

上述的鼻子動作或表情極為少見，而平常人更不會去注意這些變化。但如想知人知面知心，就必須注意人的鼻子動作、顏色和目光的動向等，並加以配合，以獲得正確的判斷。

嘴部動作，反映一個人心理變化

嘴部的動作是很豐富的，這些豐富的嘴部動作，從某種程度上可以折射出一個人的性格特徵和心理變化，不信仔細觀察觀察。

人們常用咬字清晰、口齒伶俐來形容一個人的嘴上工夫，說他口才好，能言善辯，這只是其中一個部分。凡是嘴上工夫好的人，不論知識水準高低，一般來說，思維都相當敏捷，而且人很機靈，一點也不顯呆板和笨拙。在人際關係方面，對於這一類型的人要分兩種不同的情況來討論。一種是人際關係處得不好的，這是因為他們倚仗自己的口齒伶俐，總是處處搶先，出風頭，而對別人持不屑一顧的態度，自己沒有道理，也要爭個天昏地暗。這種為人方式當然不會受人歡迎，人際關係不好也很正常的。而另外一種則完全不同，他們希望自己和所有人都打好關係，並努力朝著這一方面行動。這種人多半比較圓滑，他們能夠依靠自己的口齒伶俐和能言善辯來化解各種矛盾，促使個人的人際關係和諧。

人的下嘴唇往一邊撇的時候，說明他對接受到的外界資訊，持不相信的懷疑態度，並且希望能夠得到肯定的回答。

人的嘴唇往前撅的時候，表示此人的心理可能正處在某種防禦狀態。

在與人交談中，如果其中有人嘴唇的兩端稍稍有些向後，表明他正在集中注意力聽其他人的談話。

嘴角稍稍有些向上，這種人看起來很機靈或是活潑，而且他們的性格大多也是比較外向的，心胸比較寬闊，比較豁達，能夠很好的與人相處，不固執。

下巴縮起的人，做事多比較小心和謹慎，能夠很好的完成某一件事。但這種人大多比較封閉和保守，而且疑心很重，在一般情況下不會輕易相信別人。

下巴高昂的人，給人的第一感覺往往是心高氣傲，這種感覺在很多時候是沒有錯的。下巴高昂的人多具有強烈的優越感，且自尊心很強，常常會否定別人，對別人所取得的成績持不屑一顧的態度。

在與人交談時，用上齒咬住下嘴唇，或是用下齒咬住上嘴唇以及雙唇緊閉，這多表示一個人正用心的聽另外一個人講話，他可能是在心裡仔細分析對方所說的話，也可能是在認真的反省自己。

口齒不清，說話比較遲鈍的人，可以分不同的情況來討論：一種人是不僅在說話方面表現得不夠出色，在其他各個方面的表現也都是相當平庸的，這樣的人若想獲得很大的成就，可謂是不易。還有一種人，他們的語言表達雖不精彩，而且也不太經常表達自己，但一旦表達，肯定會有不凡的見解，這說明這個人具有某一方面或某幾方面比較出眾的才能。

說話時用手掩嘴，說明這個人的性格比較內向和保守，經常害羞，不會將自己輕易或過多的呈現在他人面前。用手掩嘴這個動作另外一個意思，還表示可能是自己做錯了某一件事情，而進行自我掩飾，張嘴伸舌頭也有這方面的意思，但也可能表示後悔。

在關鍵時刻，將嘴抿成「一」字形的人，其性格多比較堅強，有股不達目的誓不甘休的頑強韌性。

這樣的人對某一件事情，一旦自己決定要做，不管其中要付出多少艱辛，多數都會非常出色和圓滿的完成。

經常舔嘴唇的人，大多屬於思維活躍、頭腦靈活型。他們判斷事物準確，從不主觀臆斷其好壞，說話總是有理有據，而且無論觀點遭到多少人的反駁，大多能自圓其說，令對方不得不點頭稱是。不過，這種人也有心術不正的一面，當其欲為個人謀利，或個人利益受到侵犯時，一般會採取打擊報復，信奉「人不為己，天誅地滅」的人生哲學，如果你的身邊有這種人，最好敬而遠之，惹不起，要躲得起。

舌頭在口腔內打轉。有這種習慣動作的人，通常對對方缺少尊重，抑或是對你的看法與觀點表示不滿和不同意。這種人的生活態度並不是很嚴謹，以一種順其自然的方式處理生活中的人際關係和事情，由於個性較孤傲，所以很難令人接近。但是這種人絕不是人性險惡的小人，他們大多喜歡隨遇而安，「今朝有酒今朝醉，明日愁來明日愁」是他們性格的集中展現。如果你是一個自尊心不是很強，而又時時需要輕鬆一下的人，這樣的朋友無疑是一個不錯的選擇。

嘴唇緊閉，下唇乾燥。這種人從氣質類型上來講，屬於憂鬱類型的人。他們多懷有一種杞人憂天的心理，是一個不折不扣的悲觀主義者，就算偶爾開懷一次，也會馬上想到壞的地方，從而更加痛苦。

壓緊下唇。如果女性有這種習慣性動作，則說明這個人內心脆弱，總是有一種不安全感，這不僅表現在壓緊下唇上，其他如雙腿夾緊、雙手環抱於胸前等動作，都反映出這一心理狀態。如果是男性有這一習慣，則大多是故作緊張，可能是想掩飾什麼，或有別的目的。

用力上下咬牙，使兩頰肌肉顫動，面頰抽筋。這種人性格外向，屬於暴躁易怒，缺乏冷靜的一類。只要是他看不過去的事就要管，聽不順耳的話就要說，甚至有時會因此與人拳腳相加也十分有可能。與這類人交往應摸透其脾氣秉性，不然就適得其反，交友不成反結仇了。

以手遮口者喜歡隔岸觀火。「遮嘴」這個動作，通常也表示有所隱瞞。將不能說的祕密一不留神說漏嘴時，用手把口遮住。這個肢體語言所傳達的資訊，就是要自己「住嘴」。手經常在嘴巴附近移動，或者習慣用手遮掩嘴巴的人，心中必定信奉「沉默是金」、「言多必失」的信條。

這類人不太向他人傾吐自己的心事，總是在某處冷眼旁觀事情的發展。當事情發生時，會以旁觀者的口吻說「果然不出我所料」。既不哭鬧也不動怒，情緒起伏不大，但這並不代表他可以冷靜的處理事情。這種人絕不會主動表示自己要做什麼，別人也無法得知他到底想做什麼。或許他心中正計劃著某件事情，卻不會輕易表現出來，別人也無從得知。

這種人甚至在與他人交往時也採取保持距離的心態，盡量避免過於黏膩的關係，給人冷漠的印象。若對他太過親密，反而易引起他的反感，就算他主動接近你，也不會讓你觸碰到他的心底深處。與這類型人的相處之道，保持適當距離，才是明智之舉。

臉：一張性格的活地圖

當我們走過青春，步向成年，我們的行為和態度，便慢慢的在我們的臉上烙下印記。有些人笑紋很深，有些人嘴角永遠下垂。無論他有什麼樣的特色，他的臉不但畫出了他的過去，同時也勾勒出他的未來。

一、圓臉

一個人的臉龐平滑輕鬆，沒有凸出的臉頰或顎骨。這個人為人謙恭有禮，懂得均衡的道理。有時候他可能拖拖拉拉，不願意面對那些想利用其慈悲天性的人。

二、方形臉

有一張運動員的臉，堅強、高傲、有決斷力，是那種可以做決定，同時不必費多大心力就可以說服他人一起做事的人。他是一位好老師、忠心的朋友，他可能不是世界上最聰明的人，但他卻是推動事物的主要動力。

三、橢圓形臉

橢圓形臉被視為天生的美人胚子。假使是一個女人，不需要多少化妝品，便可以把臉孔修飾得完美無缺。橢圓形臉的男人，通常擁有藝術家的敏感和沉著冷靜的個性。無論是男性或女性，都擁有與生俱來的優雅氣質。最吸引人的地方，是那光彩、魅力和令人舒服的微笑。

四、雙唇微開

這樣的人很誘人，富有挑逗性，而且充滿熱情，對各式各樣的羅曼史都來者不拒。他的舉手投足都散發出誘人的魅力。他有本事不說一句話，便把整個屋子裡的人迷得神魂顛倒。

五、緊閉雙唇

這樣的人絕對能夠保密。他對自己的言行舉止都十分謹慎，謹慎到經常顯得過度敏感。嚴肅固執的個性，使他比較喜歡和周圍人保持一定的距離，然而，在他內心深處，卻存在著無法解除的焦慮，使他長年處在稍顯焦慮的狀態下。

六、雙唇上揚

是一位永遠的樂觀主義者。他能夠不屈不撓、面帶微笑的面對一切。在他心中有某種宗教或神祕的力量，使他相信事情總會迎刃而解。

七、雙唇下彎

和前面所說的正好相反，他是個十足的悲觀主義者。他用挖苦、嘲諷的幽默感，來表示對人間事物的憤慨和鄙視。他可能相當成功，但幾乎沒享受過成功，因為他小時候曾受過很深很深的傷害，但他沒讓這些傷害復原，反而讓它們曲解了他對人、事、物的看法。

都能夠全身心投入。

八、厚嘴唇

他不愛開玩笑，可能他人第一眼看到，也不覺得他很性感，但他的體力相當好，對所有室內活動，都能夠全身心投入。

九、薄嘴唇

他不是一個很好的接吻對象。其實，與其說是他的嘴唇令那些對他有意思的人退避三舍，倒不如說是他吝嗇的個性令人裹足不前！他薄而不豐滿的嘴唇透出他是一個吝於付出卻樂於接受別人施捨的人。

十、下顎凸出或強健

這樣的人行事積極，意志堅強，不輕易受挫。別人向他求教，是因為他看起來像花崗石一樣堅硬。他值得信賴，為人誠懇，不過有時候也很頑固。

十一、下顎後斜或短小

這樣的人過度扭捏害羞，很可能總是低著頭走路，眼睛盯著地上而不是向前看，彷彿不斷向他人道歉。好像每一件事都令他歉疚萬分。他膽小的個性使他想像自己正面對未曾真正發生過的突然事件。結果，他的生命便慢慢演化成一種無止境的歉疚狀態。

十二、圓下顎

他可能是一位畫家，一位詩人，也可能是一位作家。他的見解並非只限定在某個範圍內，而是彎曲多變，極富彈性。摩天大樓或郊區的購物中心令他倒胃口，他想追求的是綠油油的山水風景。可是如果他離不開都市，那他一定幻想在一棟商業大樓裡造個寧靜的角落。

十三、方下顎

這種下顎通常搭配高而有角的額骨。自信而負責任的外表，使他魅力十足。因為他看起來已經十分果斷，所以比一般人更能夠讓事情照他的意思而發展。他經常受到他人的推崇、尊敬和禮遇。

十四、沒有皺紋的額頭

他的一生似乎沒受過什麼嚴重的創傷，對許多人而言，他一直過著一種迷人的生活。流逝的歲月似乎不曾在他身上烙下痕跡，因為他展現出一股悠閒而年輕的優雅氣質。

十五、有皺紋的額頭

額上深刻的皺紋，表示他曾飽嘗人生的煎熬。他曾經歷過痛苦和失落，而這一切清清楚楚的刻在他的額頭上。他是一個現實主義者，知道以不平等的方式，面對這個不平等的世界。

眼睛：內心深處最真實的展露

眼睛是心靈的視窗，透過觀察眼睛可以讓我們探測到對方的內心世界。一個人心裡正在想什麼，他的眼神都會忠實的反映出來。所以，想要了解一個人，一定要注意觀察他眼部的動作。

一、眼睛上揚

眼睛上揚，是假裝無辜的表情。這種動作是在證明自己確實無罪。目光炯炯的望人時，上睫毛極力往上壓，幾乎與下垂的眉毛重合，造成一種令人難忘的表情，表達某種驚怒的情感。

二、斜眼瞟人

斜眼瞟人則是偷偷的看人一眼又不願被發覺的動作，傳達的是羞怯靦腆的資訊。這種動作等於是在說：「我太害怕，不敢正視你，但又忍不住想看你。」

三、眨眼

眨眼的系列動作包括連眨、超眨、睫毛振動等。連眨發生在快要哭的時候，代表一種極力壓抑的心情。超眨的動作單純而誇張，眨的速度較慢，幅度卻較大。動作的發出者好像在說：「我不敢相信我的眼睛，所以大大的眨一下以擦亮它們，確定我所看到的是事實。」睫毛振動時，眼睛和連眨一樣迅速開閉，是種賣弄花俏的誇張動作，好像在說：「你可不能欺騙我哦！」

四、擠眼睛

擠眼睛是用一隻眼睛向對方使眼色表示兩人間的某種默契。它所傳達的資訊是：「你和我此刻所擁有的祕密，其他人無從得知。」在社交場合中，兩個朋友間擠眼睛，是表示他們對某項主題有共同的感受或看法。兩個陌生人之間若擠眼睛，則無論如何，都有強烈的挑逗意味。

五、皺眉型

他對任何事都深思熟慮，是個足智多謀、深謀遠慮的人，總是靜悄悄的退在一旁，並從各種可能的角度去研究事情。在得到任何結論之前，他反覆思考所有可能性。雖然他那深思熟慮的舉止看起來不積極，不過認識他的人，都知道不要去打擾他的思緒，以免惹他生氣。

六、眼球轉動

眼球向左上方運動，回憶以前見過的事物；眼球向右上方運動，想像以前見過的事物；眼球向左下方運動，心靈自言自語；眼球向右下方運動，感覺自己的身體；眼球左或右平視，弄懂聽到語言的意義；正視，代表莊重；斜視，代表輕蔑；仰視，代表思索；俯視，代表羞澀；閉目，思考或不耐煩；目光游移，代表焦急或不感興趣；瞳孔放大，代表興奮、積極；瞳孔收縮，代表生氣、消極。

表情：情緒的晴雨錶

在人類的心理活動中，表情是最能反映情緒表面化的動作，古代人相學以臉型、相貌等占測一個人的性格與命運，是有失偏頗的，但如果憑面部表情來推測和判斷一個的性格，大致上是有相當的準確性的。因為我們就憑常識也知道表情是內心活動的寫照。透過表象窺探心靈的律動，把握情緒變化的尺度；了解感情互動的根源，表情就是傳遞這種資訊的顯示器。

從表情和動作上，能夠一眼洞察別人的內心動機，春秋時期的淳于髡就是這樣一個高手。

梁惠王雄心勃勃，廣召天下高人名士。有人多次向梁惠王推薦淳于髡，因此，梁惠王連連召見他，每一次都摒退左右與他傾心密談。但前兩次淳于髡都沉默不語，弄得梁惠王很難堪。事後梁惠王責問推薦人：「你說淳于髡有管仲、晏嬰的才能，哪裡是這樣，要不就是我在他眼裡是一個不足與言的人。」

推薦人以此言問淳于髡，他笑笑回答道：「確實如此，我也很想與梁惠王傾心交談。但第一次，梁惠王臉上有驅馳之色，想著驅馳奔跑一類的娛樂之事，所以我就沒說話。第二次，我見他臉上有享樂之色，是想著聲色一類的娛樂之事，所以我也沒有說話。」

那人將此話告訴梁惠王，梁惠王一回憶，果然如淳于髡所言，他非常嘆服淳于髡的識人之能。

一九七三年，美國心理學家拜亞做過這樣一項實驗。他讓一些人表現憤怒、恐怖、誘惑、無動於衷、幸福、悲傷等六種表情，再將錄製後的錄影帶放映給許多人看，請觀眾猜何種表情代表何種感情。其結果是，觀看錄影帶的這些人，對此六種表情，猜對者平均不到兩種。可見，表演者即使有意擺出憤怒的表情，也會讓觀眾以為是悲傷的感情。

從這個事例上看，雖然表情對揭示性格有很大程度上的可取性，表情相對於語言更能傳遞一個人的內心動向，但要具備在瞬間勘破人心，看似簡單，實屬不易。人類在長期生活實踐中，學會了掩飾內心真實情感的手段，這種手法在現代商業談判中屢見不鮮，洽談業務的雙方，甲方明明很高興的傾聽乙方陳述，且不時點頭示意，似乎很想與乙方交易，乙方也因此對這筆生意充滿信心，沒想到甲方最後卻表示：「我明白了，謝謝你，讓我考慮一下再說吧。」這無疑為乙方當頭澆了一盆涼水。

所以，人們在一般情況下，沒有經過相當程度的內心活動研究，是不太容易探視出人心的真實面目的。

俗語說：「眼睛比嘴巴更會說話。」單憑眼睛的動態就可大致推測一個人的心理，但是，想要抓住一個人性格的主要特徵，那就必須以眼睛為中心，仔細觀察全面的表情才行。

以下，就具體說明憑面部表情判斷性格的訣竅。在幾乎所有生物中，人的表情是最豐富，也是最複雜的。

每個人都有一副獨特而不容混淆的臉相，即使雙胞胎也不例外，因此人們相見時，給人印象最深的就是臉。從這張臉上，大致能反映出年齡、性別、種族烙印，而且透過表情也可以流露出其人的當時情緒變化狀況。

當人們與他人交往時，無論是否面對面，都會下意識的表達各自的情緒，與此同時也注視著對方做出的各種表情，正是這種過程，使人們的社會交往變得複雜而又細膩深刻。

在高明的觀察者看來，每個人的臉上都掛著一張反映自己生理和精神狀況的「海報」。狄德羅曾說過：「一個人心靈的每一個活動都表現在他的臉上，刻畫得很清晰，很明顯。」

如下這些「臉語」是比較容易讀懂的：蹙眉皺額表示關懷、專注、不滿、憤怒或受到挫折等情緒；雙眉上揚、雙目張大，可能是表現驚奇、驚訝的神情；皺鼻，一般表示不高興、遇到麻煩、不滿等等。

愉快的表情在日常生活中很容易有被觀察的機會，它的特點是：嘴角拉向後方；面頰往上提；眉毛平舒，眼睛變小。

不愉快的表情，它的特點是：嘴角下垂；面頰往下拉，變得細長；眉毛深鎖，皺成「倒八」字。

自然可以具體化一些，比如：

眉——有心理學家研究，眉毛可有近二十幾種動態，分別表示不同感情。漢語中常用詞語有：「柳眉倒豎」（發怒），「橫眉冷對」（輕蔑、敵意），「擠眉弄眼」（戲謔），「低眉順眼」（順從）。

宋代詞人周邦彥有一句詞：「一段傷春，都在眉間。」這是因為一個人眉間的肌肉皺紋較為典型的展現出他的焦慮和憂鬱，即眉頭緊鎖，而一旦眉間放開、舒展，則是心情變得輕鬆明朗的標誌。

鼻——鼻子的表情動作較少，而涵義也較為明確。厭惡時聳起鼻子，輕蔑時嗤之以鼻，憤怒時鼻孔張大，緊張時鼻腔收縮，屏息斂氣。

人的大腦分為兩半球，發自內心的感情通常由右腦控制，卻具體反映在左臉上；而左腦則專司理智性感情，然後反映在右臉上。因此左臉的表情多為真的，右臉的表情有可能是假的。若想知道對方的真實感情，必須強迫自己去觀察對方的左臉。

從面部表情上讀懂內心所蘊藏的玄機，是識人高手厚積一世，而薄發一時的祕技，最經典的莫過於三國時，諸葛亮和司馬懿合唱的「空城計」了。

當諸葛亮帶領一幫老弱殘兵坐守陰平這座空城時，兵強馬壯的司馬懿父子，率領二十萬大軍兵臨城下。

在城牆之上，諸葛亮焚香朝天，面色平靜，他旁若無人的大開城門，自己端坐在城牆之上，手揮五弦，目送歸鴻，飄飄然令人有出塵之想。

一場千古的雙簧戲，由此拉開了帷幕，諸葛亮和司馬懿，這對謀略勢均力敵的高手，一個在城牆之上，一個在城牆之下，用心機對峙著。諸葛亮知道司馬懿一眼能看穿他虛張聲勢的空架勢，但諸葛亮更知道，司馬家族和曹氏家族的衝突，倘若司馬懿拿下了諸葛亮，三國鼎立之勢不再，司馬家族目前羽翼未豐，最後難逃兔死狗烹的下場。

精通軍事的司馬懿當然知道幫劉邦打天下的韓信的下場。諸葛亮的存在，讓司馬懿有了和曹操周旋的機會，對付諸葛亮，曹操還必須倚重司馬懿，諸葛亮一倒，曹操立刻沒了後顧之憂，安內是必然之舉，那一刻，哪裡還有司馬家族的容身之地。

所以，在表情平靜的背後，倆人心中都在波瀾起伏，就是因為諸葛亮一生謹慎，心知司馬懿不會下手，才敢下這招看似冒險之局。當司馬懿的兒子提醒說，諸葛亮在使詐，城中必無伏兵，心知肚明的司馬懿，立即打斷他的話，以諸葛亮一生唯謹慎的話搪塞過去了。機智的司馬懿從諸葛亮平靜的表情上領悟到，這是諸葛亮謀化著一曲和他合唱的雙簧戲，這齣戲，非大智大意的人，絕不可能唱得如此之好。

衣服：書寫著一個人的社會符號

從一個人的衣著上，可以看出很多的東西，它能展現一個人的心理狀態及審美觀點，從而展現一個人的性格。

(1)喜歡穿簡單樸素衣服的人，性格比較沉著、穩重，為人較真誠和熱情。這種人在工作、學習和生活當中，對任何一件事情都比較踏實、勤奮，勤奮好學，而且還能夠做到客觀和理智。但是如果過分樸素就不太好了，這種情況表示人缺乏主體意識，軟弱而易屈服於別人。

(2)喜歡穿單一色調服裝的人，多是比較正直、剛強的，理性思維要優於感性思維。

(3)喜歡穿淺色衣服的人，多比較活潑、健談，且喜歡結交朋友。

(4)喜歡穿深色衣服的人，性格比較穩重，顯得城府很深，不太愛多說話，凡事深謀遠慮，常會有一些意外之舉，讓人捉摸不定。

(5)喜歡穿式樣繁雜、五顏六色、花俏衣服的人，多是虛榮心比較強，愛表現自己而又樂於炫耀的人，他們任性甚至還有些飛揚跋扈。

(6)喜歡穿過於華麗的衣服的人，也是有很強的虛榮心和自我顯示欲、金錢欲。

(7)喜歡穿潮流服飾的人，最大的特點就是沒有自己的主見，沒有自己的審美觀，他們多情緒不穩定，且無法安分守己。

(8)喜歡時髦服裝者，有孤獨感，情緒常波動。這一類人，完全不理會自己的愛好，還有可能說不曉得自己真正喜歡什麼，他們只以流行為愛好，向流行看齊。這類人在心底裡常有一種孤獨感，情緒也時常不安。

(9)喜歡根據自己的嗜好選擇服裝而不跟著流行走的人，多是獨立性比較強，果斷且有決策力的人。

(10)喜愛穿同一款式衣服的人，性格大多比較直率和爽朗，他們有很強的自信，愛憎、是非、對錯往往都分得很明確。他們的優點是做事不會猶豫不決，而是顯得非常乾脆俐落。言必行，行必果。但他們也有缺點，那就是清高自傲，自我意識比較重，常常自以為是。

(11) 喜歡穿短袖襯衫的人，他們的性格是放蕩不羈的，但為人卻十分隨和親切，他們很熱衷於享受，凡事率性而為，不墨守成規，喜歡有所創新和突破。自主意識比較強，常常是以個人的好惡來評定一切。他們雖然看起來有點吊兒郎當，但實際上他們的心思還是比較縝密的，而且任何時候都知道自己該做什麼，所以他們能夠三思而後行，小心謹慎，不至於因為任性妄為而做出錯事。

(12) 喜歡穿長袖衣服的人，大多比較傳統和保守，為人處世都愛循規蹈矩，而不敢有所創新和突破。他們的冒險意識比較缺乏，但他們又喜愛爭名逐利，自己的人生理想定得也很高。這樣的人最大的優點就是適應能力比較強，這得益於循規蹈矩的為人處世原則。把他們任意放在哪一個地方，他們很快就會融入其中，所以通常會營造出比較好的人際關係。他們很重視自己在他人心目中的形象，希望得到注意、尊重和讚賞，從而在衣著打扮、言談舉止等各個方面都總是嚴格的要求自己。

(13) 喜愛寬鬆自然的打扮，不講究剪裁合身、款式入時的衣著的人，多是內向型的。他們常常以自我為中心，而無法融入其他人的生活圈子裡。他們有時候很孤獨，也想和別人交往，但在與人交往中，又總會出現許多的不如意，所以到最後還是以失敗而告終。他們朋友不多，可一旦有，就會是非常要好的，他們的性格中害羞、膽怯的成分比較多，不容易接近別人，也不易被人接近。他們一般對團體的活動沒有興趣。

(14) 喜歡穿著打扮以素雅、實用為原則的人，他們多是比較樸實、大方、心地善良、思想單純而又具有一定的寬容和忍耐力的人。他們為人十分親切、隨和，做事腳踏實地，從來不會使用花言巧語欺騙和耍弄他人。他們的思想單純，凡事都往好的方面想，但絕對不是對事物缺乏主見。他們具有很好的洞察力，總是能把握住事情的實質，而做出最妥善的決定和方案。

(15)喜歡色彩鮮明、繽紛亮麗的服裝的人，他們是比較活潑、開朗的，單純而善良，性格坦率又豁達，對生活的態度也比較積極、樂觀和向上。他們多也是比較聰明和智慧的，這些展現在外的就是有較強的幽默感。同時，他們的自我表現欲望比較強，常常會製造些意外，給人帶來耳目一新的感覺，以吸引他人的目光。

髮型也代表著個性

不同的髮型往往表達著一個人的不同個性，看一個人的性格，從頭開始。

下面所說的類型，多是針對男性讀者而言：

(1)頭髮和鬍鬚連在一起，且又濃又粗，這種類型的男性，給人的第一感覺往往是剽悍、強壯。一般來講，這些認知都是不錯的，除此之外，他們還顯得比較魯莽，性格豪放不羈，有俠義心腸，喜歡多管閒事好打不平，多不拘於小節。

(2)頭髮稀疏、粗硬而捲曲，這一類型的人，思維比較敏捷，而且善於思考，並有很好的口才，能夠輕易說服別人。他們的性格彈性比較大，可以說得上是能屈能伸，適應性很好。但他們的屈和伸，又是在堅守一定的原則和基礎之上進行的，所以無論外在的東西如何以多種形式不斷變化，其內在還有一些穩定不變的東西。

(3)頭髮濃密柔軟，自然下垂，這一類型的人，大多性格比較內向，話不多，善於思考。從某種程度上說，他們具有很強的耐性和韌性，這一類型人所從事的事業多是和藝術方面有關的。

(4)頭髮自然向內捲曲，如燙過一樣，這一類型的人，脾氣大多比較暴躁，而且疑心比較重，總是患得患失的在猶豫和矛盾中掙扎，除此之外，嫉妒心還很重。

(5)髮根彎曲，髮尾平直，這一類型的人多自我意識比較強，厭惡被人約束和限制，不會輕易向他人妥協。

(6)讓自然來決定自己的髮型，並且長時間的保持，這一類型的人多總是怨天尤人，卻從來不在自己身上尋找原因，更不會付諸行動去尋求改變。他們很多時候容易向別人妥協，所以很多行動並不是真正的發自內心、自己真實想做的。

(7)頭髮長長的，直直的，看起來顯得非常飄逸和流暢，這種人的性格大多介於傳統與現代之間，他們既世故又大膽前衛，只是要視情況而定。他們通常有很強的自信心，對成功有著迫切的渴望。

(8)頭髮很短，這樣看起來很簡潔，而且也極為方便，這一類型的人，大多野心勃勃，他們的生活總是被各式各樣的事情占據著。他們在內心很想把這些事情做好，但實際上卻往往什麼也做不好，因為他們缺少必要的責任心，在遭遇困難、面對挫折的時候，往往選擇逃避。他們事前準備工作往往做得很細緻。

(9)熱衷於波浪型燙髮的人，說明他們對流行是比較敏感的，他們大多很在乎自己外在的形象，並且知道怎樣才能使自己的外在形象達到最佳的效果。他們比較現實，在絕大多數時候，能夠根據客觀實際來協調和改變自己。他們能夠把握自己的命運，無論面對什麼事情，都能積極主導著自己的生活，使之達到符合自己的要求。

(10)喜歡蓬鬆及前端梳得很高的髮型，這一類型的人比較保守，而且還有點固執（或者也可以說是執著）。他們喜歡上了一件東西，認定了某一件事物，在絕大多數的情況下，不會輕易改變自己的想法及觀念。

(11)故意把髮型弄得很怪，這一類型的人，表現欲望很強烈，他們希望自己能夠吸引更多的目光，他們經常不考慮他人的心情和感受，有什麼話就說什麼話。他們對任何一件事情都有自己獨特的見解和認知，並且會始終堅持著自己的立場，他們很有魄力，勇於對抗權勢，不屈不撓。雖然這些人的行為有時顯得讓人有些難以接受，但卻有不少人尊敬他們。

(12)喜歡留平頭的人，大多數會更加陽剛一點，他們討厭中性的人，而對同樣陽剛的人很有好感。他們本身看似缺乏溫柔，但實際上也有溫柔的一面，他們的思想從一定程度上來說還是相對比較保守和傳統的，他們也很在乎自己在他人面前的表現。

(13)喜歡剃光頭的人，多是努力在營造一種能夠讓人產生誤解的想法，這樣很容易給人一種神祕感，讓人猜不透他們心裡在想些什麼。

與男士相比，女士的髮型分析起來，則顯得相對複雜。

(1)女性若留著飄逸的披肩髮，則說明她比較清純、浪漫；若留的是齊眉的短髮，則顯得天真活潑，無憂無慮；燙成滿頭捲髮，代表這個人較有青春的活力，或多或少有點野性。

(2)女性把頭髮梳得很短，並讓它保持其自然的狀態，說明這個人比較安分守己，甚至是封閉保守的；如果她把頭髮梳理得很整齊，但並不追求某種流行的款式，則多半是稍微含蓄，但有較強烈的自主意識的一個人；在自己的髮型上投入很多的精力，力爭達到精益求精的程度，說明這是一個自尊心比較強，追求完美，愛挑剔的人。

(3)頭髮像鋼絲，又粗又硬，而且還很濃密，這樣的人疑心多比較重，不會輕易相信別人。她們最相信的就是自己，所以凡事都要自己動手，才覺得放心。她們做事很有魄力，而且組織能力也比較強，具有一定的領導才能。這一類型的人，理性的成分要大大多於感性，所以涉及感情方面的問題時，往往會顯得很笨拙。

(4)頭髮很粗，但色澤淡，而且質地堅硬，很稀疏，這一類型的人自我意識極強，剛愎自用，往往聽不進去別人半句話。她們不甘心被人領導，但卻渴望能夠駕馭別人。她們多半比較自私，缺乏容人的度量，但這一類型的人一般來說，頭腦還算比較聰明，可是她們的目光又比較短淺和狹窄，只專注於眼前，看不到長遠的利益，所以不會有多大的成就。

(5)頭髮柔軟，但卻極稀疏，這一類型的人，自我表現欲望通常比較強，她們喜歡出風頭，更愛與人爭辯，以吸引他人的目光，獲得他人的關注。在她們的性格中，自負的成分占了很多，她們妄自尊大，很少把他人放在眼裡，儘管自己在某些方面表現得的確很糟糕。她們做事的時候，缺少必要的思考，所以常會做出錯誤的判斷，而且還容易疏忽和健忘。

(6)頭髮濃密粗硬，卻能自然下垂，這種人從外形上來看，多半身體比較胖，而且也顯得比較慵懶，不喜歡活動，但是她們的心思大多比較縝密，往往能夠觀察到特別細微的地方。她們的感情比較豐富，易動情，對情感不專一。

看人要注意細枝末節

大家都知道，曾國藩是晚清名臣，可他之所以能夠建立旁人所不能企及的功績，還在於他善於識人用人。

看人要注意細枝末節

太平天國起義爆發後，曾國藩受命組織湘軍平亂。為了充實軍隊，他到處招兵買馬，廣納人才。

有一天，三個人同時來拜見曾國藩。當幕僚向他遞上了這三個人的拜帖時，曾國藩沉思了一會兒，對幕僚說：「你去，說我正在與將領商討軍政大事，不敢滋擾，請三位且坐，待會結束後再行稟報。」

幕僚便出去向三位訪客傳話。三人無奈，只得坐下等待。曾國藩讓下人隨時報告他們的舉動。

大約過了幾個小時，三個人在房子裡各有自己的動作。其中一個人正襟危坐，默不出聲；另一個人在房子裡一邊踱步，一邊沉思，氣度從容；而第三個人在房子裡等了一會兒後就顯得很不耐煩了，不斷向人打聽曾大人的會議是否已結束，什麼時候能夠接見他。

太陽已經下山，曾國藩才讓幕僚去告訴那三個人：會議已結束，三位客人前來投奔的心意大帥也知道了，今日已晚，便不再留人。請三位明早直接到大帳報名，大帥自有借用之處。

幕僚不免感到奇怪，為什麼大帥並未與三人交談，便收下他們了呢？

曾國藩說：「第一個人比較穩重，但過於死氣沉沉，可用以掌管文書帳冊，其能力功名也止於此耳；第二個人，是不可多得的人才，為人沉著，勤於思考，將來成就可與我比肩；第三個人有膽略，雖處軍帳之中，並無一絲拘束，但性格急躁，以後可能功成名就，但也不免戰死疆場。」

多年後，三個人的際遇果然像曾國藩所說的那樣。第一個姓王的書記官，果然庸碌一生；第二個人便是被後人稱為湘軍四大統帥的彭玉麟，建水師，立戰功，官至兵部尚書；第三個人是江忠源，立戰功，官至安徽巡撫，但後來在廬州戰死。

人往往會從細微處，反映出他的性格，而性格決定一個人的命運。

有時候，並沒有太多的時間可以讓我們慢慢去了解一個人，我們只能透過一次短暫的面談，便要決定是否與他合作。那麼，「窺一斑而知全豹」，我們可以從一些細節上，來判斷此人能不能用，可不可交。

其實，從生活細節上觀察人、識人、看人心與經驗有很大的關聯，有一定規律可以遵循。所以一些有心的人，在實踐中總結出用生活細節去識別人心的四條規律：

一是從小動作、小習慣上看人心。一個人的性格特點及一個人的本性，往往會透過自身的一些細小習慣、小動作等流露出來。如：總喜歡掰手指的人，一般工於心計，總在動腦筋；坐下就蹺起二郎腿的人，一般都自命不凡，高人一等；走路總是駝背低頭的人，一般都心事較重。

二是從言談舉止上看人心。那些直率熱情、活潑好動、喜歡交往的，往往是性格開朗的人；那些快言快語、眼神鋒利、情緒衝動的，往往是性格急躁的人；那些懂禮貌、講信義、實事求是、心平氣和的，往往是謙虛謹慎的人；那些表情細膩、注意舉止的，往往是性格穩重的人。

三是從言辭上看人心。說話的時候，把「我想」、「我認為」、「依我看」、「我感到」等等字眼掛在嘴邊的人，一般都是自以為是、剛愎自用的人；說話的時候總喜歡加上「好不好」、「行不行」、「可以嗎」等等字眼的人，一般都是自信心不強、沒有主意的人；說話的時候，總是含糊其辭、模稜兩可的人，一般都是老奸巨猾、老於世故的人。

四是從表情上看人心。經常喜歡皺眉的人，一般都是心思較重、心事較多、好想這想那的人；習慣用眼角餘光看人的人，一般都是心胸狹隘、心懷叵測、內心深處充滿恐懼感的人；經常用手抓頭的人，一般都是心緒不寧、心情煩躁的人。

總之，只要我們平時注意鍛鍊自己觀察細節的能力，就一定能發現每一個人在生活中的特徵，從而進一步掌握其內心世界的祕密。

思想指導人的行動，心裡想什麼，必然展現在他的行動上。只要我們在日常生活中注意觀察他人的細節，就能夠洞察人心。

電子書購買

爽讀 APP

國家圖書館出版品預行編目資料

人脈力，通往成功的無形通道：告別邊緣人！未來注定荊棘遍布，但求總有貴人相助 / 劉惠丞，馬銀春 著. -- 第一版. -- 臺北市：財經錢線文化事業有限公司, 2023.09
面；　公分
POD 版
ISBN 978-957-680-672-8(平裝)
1.CST: 人際關係 2.CST: 生活指導
177.3　　112013297

人脈力，通往成功的無形通道：告別邊緣人！未來注定荊棘遍布，但求總有貴人相助

臉書

作　　者：劉惠丞，馬銀春
發 行 人：黃振庭
出 版 者：財經錢線文化事業有限公司
發 行 者：財經錢線文化事業有限公司
E-mail：sonbookservice@gmail.com
粉 絲 頁：https://www.facebook.com/sonbookss/
網　　址：https://sonbook.net/
地　　址：台北市中正區重慶南路一段六十一號八樓 815 室
Rm. 815, 8F., No.61, Sec. 1, Chongqing S. Rd., Zhongzheng Dist., Taipei City 100, Taiwan
電　　話：(02) 2370-3310　　傳　　真：(02) 2388-1990
印　　刷：京峯數位服務有限公司
律師顧問：廣華律師事務所 張珮琦律師

-版權聲明

本書版權為作者所有授權崧博出版事業有限公司獨家發行電子書及繁體書繁體字版。若有其他相關權利及授權需求請與本公司聯繫。

未經書面許可，不得複製、發行。

定　　價：350 元
發行日期：2023 年 09 月第一版
◎本書以 POD 印製

獨家贈品

親愛的讀者歡迎您選購到您喜愛的書，為了感謝您，我們提供了一份禮品，爽讀 app 的電子書無償使用三個月，近萬本書免費提供您享受閱讀的樂趣。

ios 系統　　安卓系統　　讀者贈品

請先依照自己的手機型號掃描安裝 APP 註冊，再掃描「讀者贈品」，複製優惠碼至 APP 內兌換

優惠碼（兌換期限 2025/12/30
READERKUTRA86NWK

爽讀 APP

- 多元書種、萬卷書籍，電子書飽讀服務引領閱讀新浪潮！
- AI 語音助您閱讀，萬本好書任您挑選
- 領取限時優惠碼，三個月沉浸在書海中
- 固定月費無限暢讀，輕鬆打造專屬閱讀時光

不用留下個人資料，只需行動電話認證，不會有任何騷擾或詐騙電話。